AUDRE LORDE

TRADUÇÃO
TATIANA NASCIMENTO
COM VALÉRIA LIMA

REVISÃO TÉCNICA
JESS OLIVEIRA

APRESENTAÇÃO
CIDINHA DA SILVA

Entre nós mesmas

POEMAS REUNIDOS

7 *Audre Lorde, uma circunferência de ressonância*
CIDINHA DA SILVA

1973
DE UMA TERRA ONDE OUTRO POVO VIVE

- **13** Para cada uma de vocês
- **19** O dia em que fizeram uma elegia a Mahalia
- **23** Equinócio
- **29** Relatório de progresso
- **33** Espelhos bons não são baratos
- **37** Mulher negra mãe
- **41** Enquanto cresço de novo
- **43** O sétimo sentido
- **45** Dia de ano novo
- **49** Mestra
- **55** De mudança ou O fim da vida cooperativa
- **63** De chegada
- **65** Vizinhas
- **69** Mudança de estação
- **73** Geração II
- **75** Amor, talvez
- **77** Relevante é diferentes pontos no círculo
- **79** Sinais
- **83** Conclusão
- **87** Canção de nomes e rostos
- **91** Canção do movimento
- **95** Os ventos da Orixá
- **101** Quem disse que seria simples?

103 Toni querida, no lugar de uma carta parabenizando-a por seu livro e sua filha, quem você diz estar criando para ser uma pretinha muito correta
111 Prólogo

1976
ENTRE NÓS MESMAS

    121 Poder
    127 Nota escolar
    131 Solstício
    135 Cicatriz
    143 Entre nós mesmas
    151 Lá fora
    157 Uma mulher / Lamento para crianças perdidas

1982
POEMAS ESCOLHIDOS – VELHOS E NOVOS

163 O jornal da noite
167 Za Ki Tan Ke Parlay Lot
169 Pós-imagens
179 Um poema para mulheres com raiva
187 Outubro
191 Irmã, a manhã é tempo de milagres
197 Precisar: um coro para vozes de Mulheres Negras

    211 *Sobre a autora*
    213 *Glossário de nomes de origem africana*
    219 *Sobre as tradutoras*

AUDRE LORDE, UMA CIRCUNFERÊNCIA DE RESSONÂNCIA

CIDINHA DA SILVA

A primeira vez que ouvi falar de Audre Lorde, pelo menos que me lembre de maneira nítida, foi em fevereiro de 1997, em Londres. O círculo lésbico e negro de Brixton (incluídas as afro-inglesas, afro-caribenhas, indianas, paquistanesas e outras de origem asiática) lia sua obra, inspirava-se em seu posicionamento político.

Comprei um livro naquele momento, *Zami: a new spelling of my name* e ganhei *The cancer journals*, uma brochura sobre a decisão tomada por Audre de abandonar a medicina ocidental para se tratar de um câncer por meio de medicinas tradicionais. O primeiro emprestei para uma amiga há uns dez anos (o livro ainda está com ela), na intenção de que pudesse traduzi-lo e que buscássemos editoras brasileiras para publicação. A tradução nunca aconteceu. O segundo, trazido pelas mãos de muitas mulheres, circulou um pouco entre grupos feministas e lésbicos em traduções caseiras feitas com o objetivo de divulgar a obra e a referência Audre Lorde.

É então uma alegria sem par atender ao convite da Bazar do Tempo para escrever umas palavras sobre este conjunto de poemas publicados originalmente em 1973, 1975 e 1982, traduzido por Tatiana Nascimento e Valéria Lima, revisado por Jess Oliveira, três consistentes profissionais negras da área de tradução. Ouro puro.

Este *Entre nós mesmas* nos oferta poemas que, como todos os bons poemas, exigem diversas leituras. Não se trata de uma poesia a ser explicada, contextualizada, mesmo à guisa de introdução, é mesmo fundamental a experiência de lê-la, porque a poesia de Audre Lorde é uma circunferência de ressonância (não cabe em caixas, urge reiterar) da mulher profunda que guardamos, ainda num lugar mais recôndito do que a subjetividade. Uma mulher de múltiplas vozes e infinitas faces, uma mulher-Audre, que nos convida à implicação na transformação do mundo observando as sete direções que a ancestralidade africana nos propõe: à frente e atrás, em cima e embaixo, do lado esquerdo e do lado direito e dentro.

Audre nos convoca a fazer, com ela, movimentos incansáveis de compreender a diferença entre poesia e retórica para que seu poder de mulher-poeta não jorre "corrupto feito mofo envenenado". A poeta fala muito sobre as crianças negras e sua exposição e submissão à violência, não apenas pela importância dos filhos em sua vida, mas principalmente pelas responsabilidades que nutre em relação à sua comunidade, para barrar o destino trágico que tem sido imposto a nossas crianças e a sua falta de liberdade para existir.

Um dos poemas nos conta que, em 1970, um policial branco executou uma criança negra de dez anos e alegou ao júri, que o considerou inocente: "eu não percebi a idade ou nada disso só a cor". Quase cinco décadas depois, outro policial branco, talvez filho do primeiro, matou George Floyd, com as patas bestiais do poder branco militarizado sobre o pescoço de um homem negro rendido. E os brancos mundo afora se chocaram ao "descobrir" que o racismo existe e mata determinados seres humanos transformados em alvo. No Brasil, no Tucanistão Paulista, um policial sobe no pescoço de uma mulher negra estirada no chão; por golpe de sorte ela não foi executada no ato. Crianças negras são mortas ou abandonadas à própria sorte, sem o mínimo de cuidado no Rio de Janeiro e em todos os lugares. A branquitude reza pela mesma cartilha racista em todo lugar.

Além da coragem de Audre Lorde para discutir a inter-racialidade em relacionamentos afetivo-sexuais; para abordar a sexualidade das mulheres numa perspectiva revolucionária; para construir uma poética ruidosa e raivosa, agudamente crítica, esteticamente cuidada que ecoa mais forte do que os legítimos imperativos éticos que poderiam enclausurá-la nos limites do discurso ético legítimo, apenas; além da capacidade de produzir beleza e abordar as questões consideradas "menores" pela poesia e pela crítica feita por homens; além desses pontos de luz fulcrais nesse conjunto de poemas, quero destacar mais dois.

O primeiro, a construção de um território poético afro-latino-americano, um diálogo com a Amefricanidade de Lélia Gonzalez, sem que Audre a tenha conhecido, provavelmente.

O segundo e mais impressionante, a sabedoria de produzir boas e efetivas sínteses, ou seja, de ler o mundo pelos próprios olhos, a partir das próprias referências, e de devolvê-lo transformado, como faz Exu, o senhor dos caminhos.

No poema "O jornal da noite", há uma síntese poderosa da falta de possibilidades da pessoa negra no mundo: "nossas crianças estão evadindo de seus nascimentos / nas ruas de Soweto e Brookyn (o que significa nossas guerras sendo lutadas por nossas crianças?)".

No apelo em "Za Ki Tan Ke Parlay Lot", a síntese da nossa morte, nossa, das pessoas negras: "Oh, Za Ki Tan Ke Parlay Lot / tu que ouve diga aos outros / que não tem metáfora pro sangue / escorrendo de crianças".

Em "Solstício", a síntese da altivez que tem nos permitido manter a dignidade nessa passagem pela Terra: "que eu não deva nada / que não possa devolver".

CIDINHA DA SILVA é escritora, autora de *Um Exu em Nova York*, entre outros livros.

1973
DE UMA TERRA ONDE OUTRO POVO VIVE

For Each of You

Be who you are and will be
learn to cherish
that boistrous Black Angel that drives you
up one day and down another
protecting the place where your power rises
running like hot blood
from the same source
as your pain.

When you are hungry
learn to eat
whatever sustains you
until morning
but do not be misled by details
simply because you live them.

Do not let your head deny
your hands
any memory of what passes through them
nor your eyes
nor your heart
everything can be useful
except what is wasteful
(you will need

Para cada uma de vocês

Sejam quem são e serão
aprendam a celebrar
aquele Anjo Negro ruidoso que lhes guia
pelos altos e baixos dos dias
protegendo o lugar donde seu poder emerge
correndo feito sangue quente
da mesma fonte
que sua dor.

Quando sentirem fome
aprendam a comer
o que quer que dê sustância
até a manhã
mas não se deixem perder em detalhes
simplesmente porque vocês os vivem.

Não deixem sua mente negar
suas mãos
memória alguma do que passa por elas
nem seus olhos
nem seu coração
tudo pode ser usado
menos o que é inútil
(vocês precisarão

to remember this when you are accused of destruction.)
Even when they are dangerous
examine the heart of those machines you hate
before you discard them
and never mourn the lack of their power
lest you be condemned
to relive them.
If you do not learn to hate
you will never be lonely
enough
to love easily
nor will you always be brave
although it does not grow any easier

Do not pretend to convenient beliefs
even when they are righteous
you will never be able to defend your city
while shouting.

Remember our sun
is not the most noteworthy star
only the nearest.

Respect whatever pain you bring back
from your dreaming
but do not look for new gods
in the sea
nor in any part of a rainbow
Each time you love
love as deeply
as if it were
forever
only nothing is
eternal.

se lembrar disso quando forem acusadas de destruição.)
Mesmo quando forem perigosas
examinem o coração das máquinas que vocês odeiam
antes de descartá-las
e nunca lamentem sua falta de poder
pra que não condenem vocês
a revivê-las.
Se vocês não aprenderem a odiar
nunca ficarão sós
o bastante
para amar facilmente
tampouco serão sempre corajosas
embora isso tampouco brote fácil

Não finjam crenças convenientes
mesmo quando são justificadas
vocês nunca conseguirão defender sua cidade
enquanto gritam.

Lembrem-se que nosso sol
não é nem a estrela mais digna de menção
nem a mais próxima.

Respeitem qualquer dor que venha
dos seus sonhos
mas não procurem deuses novos
no mar
nem em qualquer parte de um arco-íris
Cada vez que amarem
amem tão fundo
como se fosse
para sempre
só que nada é
eterno.

Speak proudly to your children
where ever you may find them
tell them
you are the offspring of slaves
and your mother was
a princess
in darkness.

**Falem com suas crias orgulhosamente
onde quer que as encontrem
digam a elas
vocês descendem de escravizades[1]
e sua mãe foi
uma princesa
na escuridão.**

1\ Opção da tradutora em usar o pronome neutro, com "e". Outros casos aparecerão no livro. (N.E.)

The Day They Eulogized Mahalia

The day they eulogized Mahalia
the echoes of her big voice were stilled
and the mourners found her
singing out from their sisters mouths
from their mothers toughness
from the funky dust in the corners
of sunday church pews
sweet and dry and simple
and that hated sunday morning fussed over feeling
the songs
singing out from their mothers toughness
would never threaten the lord's retribution
any more.

Now she was safe
acceptable
that big Mahalia
Chicago turned all out
to show her that they cared
but her eyes were closed
And although Mahalia loved our music

O dia em que fizeram uma elegia a Mahalia[2]

No dia em que fizeram uma elegia a Mahalia
os ecos de sua voz enorme se assentaram
e quem chorava a encontrou
cantando pela boca de suas irmãs
pela firmeza de suas mães
pela poeira dançando nos cantos
dos bancos dominicais da igreja
doce e seca e simples
e aquela manhã odiosa de domingo foi tomada por sentir
que as canções
cantadas da firmeza de suas mães
não ameaçariam a vingança do senhor
nunca mais.

Agora ela estava a salvo
aceitável
aquela Mahalia enorme
Chicago inteira se ergueu
para mostrar a ela que se importava
mas os olhos dela estavam fechados
E mesmo que Mahalia amasse nossa música

2\ Mahalia Jackson (1911-1972) cantora negra estadunidense, conhecida como "A rainha do gospel", engajada nos movimentos pelos direitos civis. (N.E.)

nobody sang her favorite song
and while we talked about
what a hard life she had known
and wasn't it too bad Sister Mahalia
didn't have it easier
earlier
Six Black children
burned to death in a day care center
on the South Side
kept in a condemned house
for lack of funds
firemen found their bodies
like huddled lumps of charcoal
with silent mouths and eyes wide open.
Small and without song
six black children found a voice in flame
the day the city eulogized Mahalia.

ninguém cantou sua canção favorita
e enquanto a gente comentava
que vida difícil ela teve
e que não foi tão mal Sister Mahalia
não ter sido fácil
mais cedo
Seis crianças negras
morreram queimadas numa creche
no South Side
mantida numa casa condenada
por falta de verba
bombeiros acharam seus corpos
feito pedaços amontoados de carvão
com bocas mudas e olhos bem abertos.
Pequenas e sem canção nenhuma
seis crianças negras acharam uma voz nas chamas
no dia em que a cidade fez uma elegia a Mahalia.

Equinox

My daughter marks the day that spring begins.
I cannot celebrate spring without remembering
how the bodies of unborn children
bake in their mothers flesh like ovens
consecrated to the flame that eats them
lit by mobiloil and easternstandard
Unborn children in their blasted mothers
floating like small monuments
in an ocean of oil.

The year my daughter was born
DuBois died in Accra while I
marched into Washington
to a death knell of dreaming
which 250,000 others mistook for a hope
believing only Birmingham's black children
were being pounded into mortar in churches
that year
some of us still thought
Vietnam was a suburb of Korea.

Equinócio

Minha filha marca o dia em que a primavera começa.
Eu não posso celebrar a primavera sem me lembrar
como os corpos de crianças não nascidas
assam na carne de suas mães feita fornos
consagrados à chama que os devora
acesa por petróleo e padrão-oriente
Crianças não nascidas em suas mães devastadas
flutuando como pequenos monumentos
num oceano de óleo.

No ano em que minha filha nasceu
DuBois[3] morreu em Acra enquanto eu
caminhava rumo a Washington
para uma sentença de morte onírica
que outras 250.000 pessoas confundiram com esperança
crendo que apenas as crianças negras de Birmingham
estavam sendo socadas na argamassa das igrejas
naquele ano
havia entre nós quem pensasse
que o Vietnã era um subúrbio da Coreia.

3\ W.E.B Du Bois (1868 –1963), historiador, sociólogo, ativista dos direitos civis, socialista, panafricanista, escritor e editor. (N.E.)

Then John Kennedy fell off the roof
of Southeast Asia
and shortly afterward my whole house burned down
with nobody in it
and on the following sunday my borrowed radio announced
that Malcolm was shot dead
and I ran to reread
all that he had written
because death was becoming such an excellent measure
of prophecy
As I read his words the dark mangled children
came streaming out of the atlas
Hanoi Angola Guinea-Bissau Mozambique Pnam-Phen
merged into Bedford-Stuyvesant and Hazelhurst Mississippi
haunting my New York tenement that terribly bright summer
while Detroit and Watts and San Francisco were burning
I lay awake in stifling Broadway nights afraid
for whoever was growing in my belly
and suppose it started earlier than planned
who would I trust to take care that my daughter
did not eat poisoned roaches
when I was gone?

If she did, it doesn't matter
because I never knew it.
Today both children came home from school
talking about spring and peace
and I wonder if they will ever know it
I want to tell them that we have no right to spring
because our sisters and brothers are burning
because every year the oil grows thicker
and even the earth is crying
because Black is beautiful but currently
going out of style

Então John Kennedy caiu do telhado
no Sudeste da Ásia
e pouco tempo depois minha casa inteira pegou fogo
com ninguém dentro
e no domingo seguinte meu rádio emprestado anunciou
que Malcolm tinha sido alvejado até a morte
e eu corri pra reler
tudo que ele tinha escrito
porque a morte estava se tornando uma mesura excelente
de profecia
enquanto eu lia suas palavras, as crianças escuras mutiladas
jorravam do atlas
Hanoi Angona Guiné-Bissau Moçambique Phnom Penh
mescladas a Bedford-Stuyvesant e Hazelhurst Mississippi
assombrando meu cortiço em Nova York naquele verão
                            [terrivelmente brilhante
enquanto Detroit e Watts e São Francisco queimavam
eu deitava insone nas sufocantes noites da Broadway
                            [temendo
por quem quer que estivesse crescendo na minha barriga
e suponha que começasse mais cedo que o planejado
a quem eu confiaria o cuidado de minha filha para que ela
não comesse baratas envenenadas
quando eu partisse?

Se ela comesse, não importa
porque eu nunca saberia.
Hoje ambas crianças chegaram em casa da escola
falando de primavera e paz
e eu me pergunto se elas vão algum dia conhecer isso
eu quero dizê-las que não temos direito à primavera
porque nossas irmãs e irmãos estão queimando
porque a cada ano o óleo mais se espessa
e até a terra está chorando

that we must be very strong
and love each other
in order to go on living.

**porque negro é lindo mas atualmente
está saindo da moda
e que nós temos que ser muito fortes
e amar-nos uns aos outros
para seguir vivendo.**

Progress Report

These days
When you do say hello I am never sure
if you are being saucy or experimental or
merely protecting some new position.
Sometimes you gurgle while asleep
and I know tender places still intrigue you.
Now
When you question me on love
shall I recommend a dictionary
or myself?

You are the child of wind and ravens I created
always my daughter
I cannot recognize
the currents where you swim and dart
through my loving
upstream to your final place of birth
but you never tire of hearing
how I crept out of my mother's house
at dawn, with an olive suitcase
crammed with books and fraudulent letters
and an unplayed guitar.

Relatório de progresso

Nesses dias
quando você chega a dizer oi eu nunca tenho certeza
se você tá sendo descarada ou experimental ou
simplesmente protegendo uma nova perspectiva.
Às vezes você murmura enquanto dorme
e eu sei que lugares ternos ainda te intrigam.
Agora
quando você me questiona sobre amor
eu devo recomendar um dicionário
ou a mim mesma?

Você é a criança de vento e corvos que eu criei
sempre minha filha
não consigo reconhecer
as correntes por onde você nada e se lança
através do meu amor
rio acima até seu nascedouro final
mas você nunca se cansa de ouvir
como eu me esgueirei para fora da casa da minha mãe
no alvorecer, com uma malinha oliva
lotada de livros e cartas fraudulentas
e um violão intocado.

Sometimes I see myself flash through your eyes
in a moment
caught between history and obedience
that moment grows each day
before you comply
as, when did washing dishes
change from privilege to chore?
I watch the hollows deepen above your hips
and wonder if I have taught you Black enough
until I see
all kinds of loving still intrigue you
as you grow more and more
dark
rude and tender
and unfraid.

What you took for granted once
you now refuse to take at all
even I
knock before I enter
the shoals of furious choices
not my own
that flood through your secret reading
nightly, under cover.
I have not yet seen you, but
I hear the pages rustle
from behind closed doors.

Às vezes eu me vislumbro por seus olhos
num momento
pega entre história e obediência
esse momento cresce a cada dia
antes que você obedeça
tipo, quando lavar a louça
passou de privilégio a tarefa?
eu vejo as entradas se aprofundarem acima dos seus quadris
e me pergunto se te ensinei Negritude o bastante
até que vejo
que todos os tipos de amor ainda intrigam você
enquanto você cresce mais e mais
escura
rude e terna
e destemida.

O que antes você tomava como certo
agora se recusa a aceitar
mesmo que eu
bata antes de entrar
os cardumes de escolhas furiosas
não as minhas
que inundam sua leitura secreta
toda noite, clandestina.
Eu não te vi, mas
eu ouço o virar as páginas
por detrás das portas fechadas.

Good Mirrors Are Not Cheap

It is a waste of time hating a mirror
or its reflection
instead of stopping the hand
that makes glass with distortions
slight enough to pass
unnoticed
until one day you peer
into your face
under a merciless white light
and the fault in a mirror slaps back
becoming
what you think
is the shape of your error
and if I am beside that self
you destroy me
or if you can see
the mirror is lying
you shatter the glass
choosing another blindness
and slashed helpless hands.

Because at the same time
down the street
a glassmaker is grinning

Espelhos bons não são baratos

É uma perda de tempo odiar um espelho
ou seu reflexo
ao invés de parar a mão
que cria vidro com distorções
sutis demais a ponto de passar
despercebidas
até que um dia você repara
seu rosto
sob uma luz branca impiedosa
e a falha no espelho te estapeia em resposta
tornando-se
o que você pensa ser
a forma do seu erro
e se eu estou ao lado dessa eu
você me destrói
ou se você consegue ver
que o espelho está mentindo
você estilhaça o vidro
escolhendo outra cegueira
e indefesas mãos estraçalhadas.

Porque na mesma hora
no fim da rua
um vidraceiro zomba

turning out new mirrors that lie
selling us
new clowns
at cut rate.

Espelhos bons não são baratos

É uma perda de tempo odiar um espelho
ou seu reflexo
ao invés de parar a mão
que cria vidro com distorções
sutis demais a ponto de passar
despercebidas
até que um dia você repara
seu rosto
sob uma luz branca impiedosa
e a falha no espelho te estapeia em resposta
tornando-se
o que você pensa ser
a forma do seu erro
e se eu estou ao lado dessa eu
você me destrói
ou se você consegue ver
que o espelho está mentindo
você estilhaça o vidro
escolhendo outra cegueira
e indefesas mãos estraçalhadas.

Porque na mesma hora
no fim da rua
um vidraceiro zomba

turning out new mirrors that lie
selling us
new clowns
at cut rate.

**inventando novos espelhos que mentem
nos vendendo
novas farsas
no atacado.**

Black Mother Woman

I cannot recall you gentle
yet through your heavy love
I have become
an image of your once delicate flesh
split with deceitful longings.

When strangers come and compliment me
your aged spirit takes a bow
jingling with pride
but once you hid that secret
in the center of furies
hanging me
with deep breasts and wiry hair
with your own split flesh
and long suffering eyes
buried in myths of little worth.

But I have peeled away your anger
down to the core of love
and look mother
I Am
a dark temple where your true spirit rises
beautiful
and tough as chestnut

Mulher negra mãe

Não te lembro macia
mas pelo teu amor pesado
eu me tornei
uma imagem da tua carne que já foi delicada
partida em esperas traiçoeiras.

Quando chegam estranhos e me saúdam
teu espírito envelhecido faz uma reverência
cintilando de orgulho
mas você já guardou esse segredo
no centro das fúrias
me pendurando
com seios vastos e cabelo áspero
com sua própria carne cindida
e olhos fundos de dor
enterrados em mitos de menor valia.

Mas eu descasquei tua raiva
até o cerne do amor
e olha, mãe
Eu Sou
um templo escuro onde teu verdadeiro espírito se eleva
belo
e duro como castanha

stanchion against your nightmare of weakness
and if eyes conceal
a squadron of conflicting rebellions
I learned from you
to define myself
through your denials

pilar contra teu pesadelo de fraqueza
e se meus olhos ocultam
um esquadrão de rebeliões conflitantes
eu aprendi com você
a me definir
por suas negações.

As I Grow Up Again

A little boy wears my mistakes
like a favorite pair of shorts
outgrown
at six
my favorite excuse was morning
and I remember that I hated
spring's change.

At play within my childhood
my son works hard
learning
the doors that do not open easily
and which clocks will not work
he toys with anger like a young cat
testing its edges
slashing through the discarded box
where I laid my childish dreams to rest
and brought him brown and wriggling
to his own house.

He learns there through my error
winning with secrets
I do not need to know.

Enquanto cresço de novo

Um garotinho veste meus erros
como uma bermuda favorita
grandona
aos seis
minha desculpa favorita era manhã
e eu me lembro de que odiava
primaveras mudando.

Brincando na minha infância
meu filho se esforça
aprendendo
as portas que não se abrem facilmente
e quais relógios não vão prestar
ele joga com a raiva feito um gatinho
testando suas garras
arranhando a caixa de despojos
onde deixei meus sonhos pueris
e o trouxe marrom e torto
para sua própria casa.

Ele aprende lá por meu erro
ganhando com segredos
que eu não preciso saber.

The Seventh Sense

Women
who build nations
learn
to love
men
who build nations
learn
to love
children
building sand castles
by the rising sea.

O sétimo sentido

Mulheres
que constróem nações
aprendem
a amar
homens
que constróem nações
aprendem
a amar
crianças
construindo castelos de areia
na maré cheia.

New Year's Eve

The day feels put together hastily
like a gift for grateful beggars
being better than no time at all
but the bells are ringing
in cities I have never visited
and my name is printed over doorways
I have never seen
While extracting a bone
or whatever is tender or fruitful
from the core of indifferent days
I have forgotten
the touch of sun
cutting through uncommitted mornings
The night is full of messages
I cannot read
I am too busy forgetting
air like fur on my tongue
and these tears
which do not come from sadness
but from grit in a sometimes wind

Rain falls like tar on my skin
my son picks up a chicken heart at dinner
asking

Dia de ano novo

O dia parece montado às pressas
como um presente para indigentes gratos
sendo melhor do que tempo nenhum
mas os sinos estão tocando
em cidades que nunca visitei
e meu nome está escrito em soleiras
que nunca vi
Durante a extração de um osso
ou do que quer que seja macio ou frutífero
lá do cerne de dias indiferentes
eu me esqueci
do toque do sol
devassando manhãs frouxas
A noite é cheia de recados
que não sei ler
Estou muito ocupada esquecendo
ar feito pelo em minha língua
e essas lágrimas
que não vêm de tristeza
mas de areia num às vezes vento

A chuva cai feito breu na minha pele
meu filho pega um coração de galinha na janta
perguntando

does this thing love?
Deft unmalicious fingers of ghosts
pluck over my dreaming
hiding whatever it is of sorrow
that would profit me

I am deliberate
and afraid
of nothing.

isso ama?
Intravessos dedos hábeis de fantasmas
pinçam meus sonhos
segredam qualquer coisa de pesar
que me beneficiaria

Eu estou pronta
e não temo
nada.

Teacher

I make my children promises in wintry afternoons
like lunchtime stories
when my feet hurt from talking too much
and not enough movement except in my own
worn down at the heel shoes
except in the little circles of broken down light
I am trapped in
the intensities of my own (our) situation
where what we need and do not have
deadens us
and promises sound like destruction
white snowflakes clog the passages
drifting through the halls and corridors
while I tell stories with no ending
at lunchtime
the children's faces bear uneasy smiles
like a heavy question
I provide food with a frightening efficiency
the talk is free/dom meaning state
condition of being
We are elementary forces colliding in free fall.

Mestra

Faço promessas às minhas crianças em tardes de inverno
como histórias à hora do almoço
quando meus pés doem de tanto falar
e de pouco me mover exceto em meus próprios
sapatos gastos no calcanhar
exceto no pequeno círculo de luz destruída
estou presa
às intensidades de minha (nossa) própria situação
onde o que precisamos e não temos
nos tira a vida
e promessas soam como destruição
alvos flocos de neve obstruem as passagens
acumulando-se pelas salas e corredores
enquanto conto histórias sem fim
na hora do almoço
desconforto estampado nos sorrisos das crianças
como uma pergunta que pesa
dou-lhes comida com uma eficiência assustadora
a conversa é sobre livre/dade[4] significando estado
condição do ser
Somos forças primárias colidindo em queda livre.

4 \ No original free/dom. (N.T.)

And who will say I made promises
better kept in confusion
than time
grown tall and straight in a season of snow
in a harsh time of the sun that withers
who will say as they build
ice castles at noon
living the promises I made
these children
who will say
look – we have laid out the new cities
with more love than our dreams
Who will hear
freedom's bell deaden
in the clang of the gates of the prisons
where snowmen melt into darkness
unforgiven and so remembered
while the hot noon speaks in a fiery voice?

How we romped through so many winters
made snowballs play at war
rubbing snow against our brown faces
and they tingled and grew bright
in the winter sun
instead of chocolate we rolled snow
over our tongues
until it melted like sugar
burning the cracks in our lips
and we shook our number fingers
all the way home
remembering
summer was coming.

E quem dirá que fiz promessas
melhor guardadas na confusão
do que no tempo
crescidas em linha reta numa estação de neve
num tempo duro do sol que se esvai
quem dirá, enquanto constroem
castelos de gelo ao meio dia
vivendo as promessas que fiz
a essas crianças
quem dirá
olhe – planejamos as novas cidades
com mais amor do que nossos sonhos.
Quem ouvirá
o sino da liberdade murchar
no retinir dos portões das cadeias
onde homens de neve derretem rumo à escuridão
sem perdão e dessa forma lembrados
enquanto o calor do meio-dia fala com voz de fogo?

Como brincamos em tantos invernos
brincamos de guerra de bolas de neve
esfregando neve em nossos rostos marrons
e eles formigavam e brilhavam
no sol de inverno
em vez de chocolate enrolávamos neve
em nossas línguas
até ela derreter feito açúcar
queimando as rachaduras de nossos lábios
e sacudíamos nossos dedos dormentes
enquanto voltávamos para casa
lembrando
que o verão estava chegando.

As the promises I make children
sprout like wheat from an early spring's wager
who will hear freedom
ring in the chains of promise
who will forget the curse
of the outsider
who will not recognize our season
as free
who will say
Promise corrupts
what it does not invent.

Assim como as promessas que faço às crianças
brotam como o trigo que aguarda o início da primavera
quem ouvirá a liberdade
soar nos elos da promessa
quem esquecerá a maldição
do forasteiro
quem não reconhecerá a liberdade
de nossa estação
quem dirá que a
Promessa corrompe
tudo aquilo que não inventa.

Moving Out or
The end of Cooperative Living

I am so glad to be moving
away from this prison for black and white faces
assaulting each other with our joint oppression
competing for who pays the highest price for this privilege
I am so glad I am moving
technicoloured complaints aimed at my head
mash themselves on my door like mosquitoes
sweep like empty ladles through the lobby of my eyes
each time my lips move sideways
the smile shatters
on the tin thing that races
dictator through our hallways
on concrete faces on soul compactors
on the rhetoric of incinerators and plastic drapes
for the boiler room
on legends of broken elevators
blowing my morning cool
avoiding me in the corridors
dropping their load on my face down 24 stories
of lives in a spectrumed madhouse
pavillion of gnats and nightmare remembering
once we all saved like beggars
to buy our way into this castle

De mudança ou
O fim da vida cooperativa

Estou tão feliz de ir embora
dessa prisão para rostos negros e brancos
agredindo uns aos outros com nossa opressão comum
competindo por quem paga mais por esse privilégio
estou tão feliz de ir embora
reclamações em technicolor apontadas para minha cabeça
esmagam-se umas às outras na minha porta como mosquitos
varridas como conchas vazias diante do saguão dos meus olhos
cada vez que meus lábios entortam
o sorriso se estilhaça
naquilo de dentro que corre
tirano em nossos corredores
nos rostos de concreto nos compactadores de alma
na retórica dos incineradores e das cortinas de plástico
para a sala das caldeiras
nas lendas dos elevadores quebrados
acabando com a minha calma matutina
me evitando nos corredores
despejando sua carga no meu rosto 24 andares abaixo
de vidas em um hospício com todo tipo de loucos
pavilhão de muriçocas e lembranças de pesadelos
uma vez todos nós a salvo como pedintes
para comprar nossa entrada neste castelo

of fantasy and forever now
I am so glad to be moving.

Last month a tenant was asked to leave
because someone saw him
wandering one morning up and down the tenth floor
with no clothes on
having locked himself out the night before
with the garbage
he could not fit into the incinerator
but it made no difference
the floor captain cut the leads to his cable TV
and he left covered in tangled wires of shame
his apartment was reconsecrated by a fumigator
I am so glad I am moving

Although workmen will descend at $100 an hour
to scrape my breath from the walls
to refinish the air and the floors with their eyes
and charge me with the exact amount
of whatever I have coming back to me
called equity
I am so glad to be moving
from the noise of psychic footsteps
beating a tune that is not my own
louder than any other sound in the neighborhood
except the blasting that goes on all day and all night
from the city's new toilet being built
outside the main entrance
from the spirits who live in the locks
of the other seven doors
bellowing secrets of living hells revealed
but not shared

de fantasia e agora para sempre
estou tão feliz de ir embora

Mês passado um inquilino foi convidado a sair
porque alguém o viu
vagando uma manhã para cima e para baixo no décimo andar
sem roupas
porque se trancou do lado de fora na noite anterior
com o lixo
que não coube no incinerador
mas não fez diferença
o gerente do andar cortou o acesso dele à TV a cabo
e ele foi embora coberto em fios de vergonha embaraçados
o apartamento foi reconsagrado com uma dedetização
Estou tão feliz de ir embora

Mesmo que operários venham a 100 dólares por hora
Lixar minha respiração das paredes
restaurar o ar e os andares com seus olhos
e me cobrem a quantia exata
do que quer que volte para mim
chamado patrimônio
estou tão feliz de ir embora
do ruído de passos sobrenaturais
em um ritmo que não é o meu
mais alto que qualquer som no bairro
exceto o barulho de obra que continua dia e noite
da construção do novo banheiro público
bem na entrada principal
dos espíritos que vivem nas trancas
das outras sete portas
urrando segredos de infernos em vida revelados
mas não compartilhados

for everybody's midnights know what the walls hide
our toilets are made of glass
wired for sound

24 stories
full of tears flushing at midnight
our only community room
children set their clocks to listen to the tissue walls
gazing upwards from their stools
from one flight to another
catching the neighbors in private struggles
next morning it will all be discussed
at length in the elevators
with no secrets left
I am so glad to be moving
no more coming home at night to dream
of caged puppies
grinding their teeth into cartoonlike faces
that half plead and half snicker
then fold under and vanish
back into snarling strangers
I am so glad to be moving.

But when this grim house goes
slipping into the sewer prepared for it
then this whole city can read
its own obituary
written on the broken record of dreams
of ordinary people
who wanted what they could not get
and so pretended to be someone else
ordinary people having
what they never learned to want
themselves

pois as meia noites de todas as pessoas sabem o que as
                            [paredes escondem
nossos banheiros são feitos de vidro
e têm escutas

24 andares
cheios de lágrimas descendo descarga abaixo à meia noite
nosso único lugar comunitário
crianças acertam seus relógios para ouvir pelas paredes de
                            [tecido
olhando para cima em seus banquinhos
de um lance de escadas para outro
pegando os vizinhos em disputas particulares
na manhã seguinte tudo isso será discutido
em detalhes nos elevadores
sem restar nenhum segredo
estou tão feliz de ir embora
sem voltar à noite para casa para sonhar
com cãezinhos engaiolados
rangendo dentes como personagens de cartoon
meio suplicantes, meio rindo entredentes
logo se recolhendo e voltando
a rosnar para estranhos
estou tão feliz de ir embora.

Mas quando essa casa sinistra
for deslizando pelo esgoto preparado para ela
então a cidade inteira poderá ler
seu próprio obituário
escrito no registro destroçado dos sonhos
de gente comum
que queria o que não podia ter
e assim fingiam ser outra pessoa
gente comum tendo

and so becoming
pretension concretized.

o que nunca aprendeu a querer
por si
e assim tornando-se
pretensão concretizada.

Moving In

"It is the worst of luck to bring
into a new house from the old
bread salt or broomstick."

Salt Bread and Broom
be stil.
I leave you guardian
against gone places
I have loved
your loss
in a green promise
making new
Salt
Bread
and Broom
remove me from the was
I still am
to now
becoming
here this house
forever blessed.

De chegada

"É do pior agouro levar
para a casa nova, da velha,
pão, sal ou cabos de vassoura."

Sal Pão e Vassoura
se aquietem.
Eu abandono vocês, guardiões
contra lugares idos
eu amei
sua perda
numa promessa verde
renovando
Sal
Pão
e Vassoura
removem-me do ido
eu ainda sou
no agora
tornando-me
esta casa aqui
para sempre abençoada.

Neighbors

For D.D.

We made strong poems for each other
exchanging formulas for our own particular magic
all the time pretending
we were not really witches
and each time we would miss
some small ingredient
that one last detail
that would make the spell work
Each one of us
too busy
hearing our other voices
the sound of our own guards
calling the watch at midnight
assuring us
we were still safely asleep
so when it came time to practice
what we had learned
one grain was always missing
one word unsaid
so the pot did not boil
the sweet milk would curdle
or the bright wound went on bleeding
and each of us would go back
to her own particular magic

Vizinhas

Para D.D.

Nós fizemos poemas fortes uma para a outra
trocando fórmulas para nossa própria magia particular
todo o tempo fingindo
que não éramos mesmo bruxas
e cada vez nós perdíamos
algum ingredientezinho
aquele último detalhe
que faria o feitiço funcionar
Cada uma de nós
ocupada demais
ouvindo nossas outras vozes
o som de nossas próprias sentinelas
chamando a vigília da meia-noite
nos garantindo
que nosso sono ainda estava em segurança
até que quando chegou o tempo de praticar
o que tínhamos aprendido
um grão estava sempre faltando
uma palavra não dita
daí o caldeirão não borbulhava
o leite doce talhava
ou a ferida brilhante ainda sangrava
e cada uma de nós se voltava
para sua própria magia particular

confirmed
believing
she was always alone
believing
the other was always
lying
in wait.

**confirmada
acreditando
que ela estava sempre só
acreditando
que a outra estaria sempre
deitada
à espera.**

Change of Season

Am I to be cursed forever with becoming
somebody else on the way to myself?

Walking backwards I fall
into summers behind me
salt with wanting
lovers or friends a job wider shoes
a cool drink
frechness something to bite into
a place to hide out of the rain
out of the shifting melange of seasons
where the cruel boys I chased
and their skinny dodgeball sisters
flamed and died in becoming
the brown autumn
left in search of who tore the streamers down
at graduation christmas my wedding day
and as winter wore out the babies came
angry effort and reward
in their appointed seasons
my babies tore out of me
like poems
after
I slept and woke to the thought

Mudança de estação

Devo sofrer a maldição eterna de me tornar outra pessoa
no caminho para ser eu mesma?

Retrocedendo tropeço
em verões atrás de mim
sal com o desejo
de amantes ou amigas um emprego sapatos mais largos
uma bebida gelada
frescor algo pra morder
algum lugar pra me esconder da chuva
da mescla da mudança de estações
onde os garotos cruéis que persegui
e suas irmãs magricelas na queimada
ardiam e morriam na virada
do outono castanho
à procura de quem derrubou as serpentinas
no dia da formatura do natal do meu casamento
e com o fim do inverno vieram os bebês
esforço raivoso e recompensa
em suas devidas estações
meus filhos saíram rasgando de mim
como poemas
depois
dormi e acordei pensando

that promise had come again
this time more sure than the dream of being
sweet sixteen and somebody else
walking five miles through the august city
with a free dog
thinking
now we will be the allamerican family
we had just gotten a telephone
and the next day my sister cut his leash on Broadway
that dog of my childhood bays at the new moon
as I reach into time up to my elbows
extracting the taste and sharp smell
of my first lover's neck
rough as the skin of a brown pear ripening
I was so terribly sure I would come forever to april
with my first love who died on a Sunday morning
poisoned and wondering
would summer ever come.

As I face the ocean of seasons they start
to separate into distinct and particular faces
listening to the cover beginning to crack open
and whether or not the fruit is worth waiting
thistles and arrows and apples are blooming
the individual beautiful faces are smiling and moving
even the pavement begins to flow into new concretions
the eighth day is coming

I have paid dearly in time for love I hoarded
unseen
summer goes into my words
and comes out reason.

que a promessa retornou
dessa vez mais certa que o sonho de ser
debutante e outra pessoa
andando cinco milhas pela cidade de agosto
com um cachorro livre
pensando
agora seremos a família típica americana
acabamos de comprar um telefone
e no dia seguinte minha irmã cortou a guia do cão na
                            [Broadway
o cachorro da minha infância ladra à lua nova
enquanto me meto no tempo até o osso
extraindo o gosto e cheiro penetrante
do pescoço da minha primeira amante
áspera como a casca de uma pera marrom madurando
tinha a certeza terrível que sempre chegaria a abril
com meu primeiro amor que morreu num domingo de
                            [manhã
envenenada e perguntando-se
se o verão chegaria algum dia.

Encarando um oceano de sensações elas começam
a se separar em caras distintas e particulares
ouvindo a casca começando a se romper
 valha ou não a espera dessa fruta
cardos e setas e maçãs estão brotando
há rostos sorrindo e movendo-se
até a calçada começa a fluir em novas concretudes
o oitavo dia está chegando

Me custou muito tempo o amor que juntei
não visto
o verão se adentra em minhas palavras
e se esvai a razão.

Generation II

A Black girl
going
into the woman
her mother
desired
and prayed for
walks alone
and afraid
of both
their angers.

Geração II

**Uma garota Negra
tornando-se
a mulher
que sua mãe
desejou
e pela qual orou
caminha só
e com medo
das raivas
de ambas.**

Love, Maybe

Always
in the middle
of our bloodiest battles
you lay down your arms
like flowering mines

to conqueror me home.

Amor, talvez

Sempre
entre as nossas
batalhas mais sangrentas
você deita suas armas
como minas florescendo

pra me cativar.

Relevant Is Different
Points On The Circle

to BWC

History
bless me with my children's growing rebellion
with love in another tongue
teach me what my pride will not savor
like the fabled memory of elephants
I have loved them and watched over them
as the bird forgets but the trap doesn't
and I shall be buried with the bones of an eagle
with a fierce detachment
and legends of the slain buffalo.

This is a country where other people live.

When agate replaces dead wood
slowly opal and bone become one.
A phoenix named Angela
nests in my children's brain
already
the growing herds of bison unnoticed
are being hunted down the federal canyons
of Yellowstone Park.

Relevante é diferentes pontos no círculo

para BWC

Que a História
me abençoe com a crescente rebelião de minhas crianças
com amor em outra língua
me ensina o que meu orgulho não vai saborear
feito a memória fabulosa dos elefantes
eu os amei e zelei por eles
pois o pássaro esquece, mas a armadilha não
e eu hei de ser enterrada com os ossos de uma águia
com um desapego feroz
e lendas do búfalo imolado.

Esse é um país onde um outro povo vive

Quando a ágata substitui a madeira morta
lentamente a opala e o osso tornam-se um só.
Uma fênix chamada Angela
já
faz seu ninho na mente de minhas crianças
os rebanhos crescentes de bisontes despercebidos
estão sendo caçados nos cânions federais
do Parque Yellowstone.

Signs

No one is left here to eat by my fire.
My children have gone to the wood
with their earth coloured laughter
stitched up in market blanket
I wore to announce my coming of age and that day
the other girls went pale and wanting
in the noon sun.

Let their journey be free from ghosts.
I have heard the old spirits chatter
planning my downfall
for my yams have always been eaten with pleasure
and my body has not been unfruitful
I do not squander my days at the market
nor bargain for what I cannot sell
I do not cover my yams with a cloth
when creditors pass
pretending they belong to another.
But I have only two children.
Neither was born by conjure nor in hiding
now they go to the wood
to the night to the gradual breaking
and they will return
men and silent

Sinais

Não restou ninguém aqui para comer perto do meu fogo.
Minhas crias já se foram para a floresta
com suas risadas cor de terra
costuradas num cobertor de mercado
que vesti para anunciar que estou ficando velha e aquele dia
as outras moças ficaram pálidas e ávidas
sob o sol do meio dia.

Que a jornada delas seja livre de fantasmas.
Eu ouvi o murmúrio dos velhos espíritos
planejando minha ruína
pois meus inhames sempre foram comidos com prazer
e meu corpo não foi infrutífero
eu não esbanjo meus dias no mercado
nem barganho por aquilo que não posso vender
eu não cubro meus inhames com tecido
quando passam os credores
fingindo que eles pertencem a outra pessoa.
Mas eu tenho apenas duas crianças.
Nenhuma nasceu por conjuro nem em segredo
agora elas vão para a floresta
para a noite para a quebra gradual
e elas vão retornar
homens e silentes

draped in impatience and indigo
signs of our separation.

As I go to wash myself before sun
I search my door-yard and wonder
if I will find the shattered pot
left as sign to warn me
they shall never return.

envoltas em impacientes e índigos
sinais de nossa separação.

No que vou me banhar perante o sol
Procuro em meu jardim e me pergunto
se vou achar a gamela partida
deixada como um sinal para me avisar
que elas nunca vão retornar.

Conclusion

Passing men in the street who are dead
becomes a common occurrence
but loving one of them
is no solution.
I believe in love as I believe in our children
but I was born Black and without illusion
and my vision
which differs from yours
is clear
although sometimes restricted.

I have watched you at midnight
moving through casual sleep
wishing I could afford the nondesperate dreams
that stir you
to wither and fade into partial solutions.
Your nights are wintery long and very young
full of symbols of purity and forgiveness
and a meek Jesus who rides through your cities
on a barren ass whose braying
does not include a future tense.
But I wear my nights as I wear my life
and my dying
absolute and unforgiven

Conclusão

Transeuntes mortos caminhando pela rua
tornam-se cada vez mais comuns
mas amar um deles
não é solução.
Eu creio no amor como creio em nossas crianças
mas eu nasci Preta e sem ilusões
e minha visão
que difere da sua
é nítida
embora, às vezes, restrita.

Eu te observei no meio da noite
em meio a um sono casual
desejei poder fazer os sonhos não-desesperados
que te agitam
murchar e fenecer em soluções parciais.
Suas noites são longas como as noites invernais e muito
                        [jovens
cheias de símbolos de pureza e perdão
e um jesus manso que percorre suas cidades
numa mula estéril cujo zurrar
não inclui conjugação no futuro.
Mas eu visto minhas noites como visto minha vida
e minha morte

nuggets of compromise and decision
fossilized by fierce midsummer sun
and when I dream
I move through a Black land
where the future
glows eternal and green
but where the symbols for now
are bloody and unrelenting
rooms
where confused children
with wooden stumps for fingers
play at war
and cannot pick up their marbles
or run away home
whenever a nightmare threatens.

absolutas e imperdoáveis
pepitas de compromisso e decisão
fossilizadas pelo sol feroz do pleno verão
e quando eu sonho
eu percorro uma terra Negra
onde o futuro
brilha eterno e verde
mas onde os símbolos do agora
são sangrentos e implacáveis
salas
onde crianças confusas
com tocos de madeira no lugar dos dedos
brincam numa guerra
que não pode catar suas bilocas
e voltar correndo para casa
quando os pesadelos ameaçam.

A Song of Names and Faces

I walk across noon with you today
knowing you for a mistake in my blood
calling you with yesterday's voice
and you are wise to forget the rules
of yesterday's game. But creepers tickle
our elbows as we circle the park
and tomorrow
the little red gourds hung on the cusp
of the moon of cherries blackening
will rattle a winter's song.

I cannot record the face you wear
in this afternoon
because I have not judged myself.
We shall walk as far as we can
until we tire
hoping
there will be someone
to amuse each of us
on the way back home.

Canção de nomes e rostos

Atravesso o meio dia caminhando com você hoje
conhecendo você como um erro no meu sangue
te ligando com a voz de ontem
e você é sábia para esquecer as regras
do jogo de ontem. Mas trepadeiras fazem cócegas
em nossos cotovelos enquanto damos a volta no parque
e amanhã
pequenas cabaças vermelhas penduradas na ponta
de uma lua de cerejas[5] escurecendo
vão barulhar uma canção de inverno.

Não consigo gravar o rosto que você está usando
nesta tarde
porque não me julguei.
Andaremos tão longe quanto pudermos
até cansar
esperando
que haja alguém para nos divertir
no caminho de volta para casa.

5\ Referência ao povo originário Sioux, que nomeia os meses de julho como "lua das cerejas vermelhas" / moon of red cherries; e março como "lua da cegueira de neve" / moon of snowblindness. (N.T.)

I always forget how the year began
by the time midsummer comes on me.

We first met at noontime
during the moon of snowblindness
Shall I call you today's name tomorrow
or forget you exist at all?

**Sempre me esqueço de como o ano começou
quando o verão chega em mim.**

**Nos encontramos pela primeira vez ao meio dia
na lua da neve cegante
devo te chamar amanhã com o nome de hoje
ou esquecer que você existe?**

Movement Song

I have studied the tight curls on the back of your neck
moving away from me
beyond anger or failure
your face in the evening schools of longing
through mornings of wish and ripen
we were always saying goodbye
in the blood in the bone over coffee
before dashing for elevators going
in opposite directions
without goodbyes.

Do not remember me as a bridge nor a roof
as the maker of legends
nor as a trap
door to that world
where black and white clericals
hang on the edge of beauty in five oclock elevators
twitching their shoulders to avoid other flesh
and now
there is someone to speak for them
moving away from me into tomorrows
morning of wish and ripen
your goodbye is a promise of lightning
in the last angels hand

Canção do movimento

Estudei os cachos apertados nas costas do seu pescoço
afastando-se de mim
para além da raiva ou do fracasso
seu rosto nas escolas noturnas da saudade
nas manhãs de desejo e madureza
sempre estávamos nos despedindo
no sangue no osso durante o café
antes de corrermos a elevadores
indo em direções opostas
sem dizer adeus.

Não se lembre de mim como uma ponte nem um teto
como fazedora de lendas
ou uma armadilha
porta para aquele mundo
onde clérigos negros e brancos
pendem à margem da beleza em elevadores às cinco da tarde
encolhendo os ombros para evitar outra carne
e agora
há alguém para falar por eles
afastando-se de mim rumo ao amanhã
manhã de desejo e madureza
seu adeus é uma promessa de raios
na última mão angelical

unwelcome and warning
the sands have run out against us
we were rewarded by journeys
away from each other
into desire
into mornings alone
where excuse and endurance mingle
conceiving decision.
Do not remember me
as disaster
nor as the keeper of secrets
I am a fellow rider in the cattle cars
watching
you move slowly out of my bed
saying we cannot waste time
only ourselves.

indesejada e advertindo que
as areias esgotaram-se contra nós
fomos recompensadas por jornadas
longe uma da outra
até o desejo
até as manhãs sozinha
em que a desculpa e a resistência se misturam
gestando a decisão.
Não se lembre de mim
como desastre
nem como guardiã de segredos
sou uma companheira de viagem nos vagões de gado
observando
você sair devagar da minha cama
dizendo que não podemos perder tempo
apenas nós mesmas.

The Winds of Orisha

I

This land will not always be foreign.
How many of its women ache to bear their stories
robust and screaming like the earth erupting grain
or thrash in padded chains mute as bottles
hands fluttering tracts of resistance
on the backs of once lovers
half the truth
knocking in the brain like an angry steampipe
how many
long to work or split open
so bodies venting into silence
can plan their next move?

Tiresias took 500 years they say to progress into woman
growing smaller and darker and more powerful
until nut-like, she went to sleep in a bottle
Tiresias took 500 years to grow into woman
so do not despair of your sons.

Os ventos da Orixá

I

Essa terra não será sempre estrangeira.
Quantas de suas mulheres sofrem para suportar suas histórias
robustas e gritando como a terra em erupção de grãos
ou açoitadas em correntes de veludo e mudas feito garrafas
mãos debatendo traços de resistência
nas costas de outrora amantes
metade da verdade
batendo no cérebro como um tubo irritado de vapor
quantas
ansiando por trabalhar ou abrir-se em fenda
para que os corpos se ventilando ao silêncio
possam planejar o próximo gesto?

Tiresias levou 500 anos, dizem, para fazer-se em mulher
ficando menor e mais escura e mais poderosa
até que, feita noz, foi dormir numa garrafa.
Tiresias levou 500 anos para se tornar mulher
Portanto, não se desespere com seus filhos.

II

Impatient legends speak through my flesh
changing this earths formation
spreading
I will become myself
an incantation
dark raucous many-shaped characters
leaping back and forth across bland pages
and Mother Yemonja raises her breasts to begin my labour
near water
the beautiful Oshun and I lie down together
in the heat of her body truth my voice becomes stronger
Shango will be my brother roaring out of the sea
earth shakes our darkness swelling into each other
warning winds will announce us living
as Oya, Oya my sister my daughter
destroys the crust of the tidy beaches
and Eshu's black laughter turns up the neat sleeping sand.

III

The heart of this country's tradition is its wheat men
dying for money
dying for water for markets for power
over all people's children
they sit in their chains on their dry earth
before nightfall
telling tales as they wait for their time
of completion
hoping the young ones can hear them
earth-shaking fears wreath their blank weary faces
most of them have spent their lives and their wives
in labour

II

Lendas impacientes falam por minha carne
mudando essas formações terrenas
espalhando-se
eu vou me tornar eu mesma
um encantamento
personagens multiformes ruidosas e escuras
saltando de volta e adiante em páginas brandas
e Mãe Iemanjá levanta os seios para começar meu parto
perto da água
a linda Oxum e eu deitamos juntas
no calor da verdade de seu corpo minha voz fica mais forte
Xangô será meu irmão trovejando mar afora
a terra vibra nossa escuridão avolumando um na outra adentro
ventos de alerta vão nos anunciar vivendo
feito Oiá, Oiá minha irmã minha filha
destrói a crosta das praias prontas
e o riso negro de Exu aparece na reta areia adormecida.

III

O coração da tradição deste país são seus homens de trigo
morrendo por dinheiro
morrendo por água por mercados por poder
sobre as proles de toda a gente
eles se sentam com suas correntes na terra seca deles
antes que caia a noite
contando causos enquanto esperam seu tempo
terminar
esperando que os jovens possam ouvi-los
medos que vibram a terra cobrem seus inexpressivos rostos
                            [cansados
muitos deles gastaram suas vidas e suas esposas

most of them have never seen beaches
but as Oya my sister moves out of the mouths
of their sons and daughters against them
I will swell up from the pages of their daily heralds
leaping out of the almanacs
instead of an answer to their search for rain
    they will read me
the dark cloud
meaning something entire
and different.

When the winds of Orisha blow
even the roots of grass
quicken.

na labuta
muitos deles nunca viram praias
mas enquanto Oiá minha irmã sai pela boca
de seus filhos e filhas contra eles
vou me avolumar nas páginas de seus arautos diários
saltando para fora dos almanaques
em vez de responder à busca deles pela chuva
    eles vão me ler
a nuvem negra
significando algo inteiro
e diferente.

Quando os ventos da Orixá sopram
até as raízes da grama
se apressam.

Who Said it Was Simple?

There are so many roots to the tree of anger
that sometimes the branches shatter
before they bear.

Sitting in Nedicks
the women rally before they march
discussing the problematic girls
they hire to make them free.
An almost white counterman passes
a waiting brother to serve them first
and the ladies neither notice nor reject
the slighter pleasures of their slavery.
But I who am bound by my mirror
as well as my bed
see causes in colour
as well as sex

and sit here wondering
which me will survive
all these liberations.

Quem disse que seria simples?

Há tantas raízes na árvore da raiva
que às vezes os galhos partem
antes de brotar.

Sentadas em Nedicks[6]
as mulheres se juntam antes de marchar
falando sobre as jovens problemáticas
que elas empregam para se libertarem.
Um balconista quase branco ignora
um irmão que espera para servi-las primeiro
e as madames nem notam nem rejeitam
os prazeres fugazes de sua escravidão.
Mas eu, que estou atada ao meu espelho
assim como à minha cama,
vejo causas na cor
assim como no sexo

e sento aqui indagando
qual eu vou sobreviver
a todas essas liberações.

---

6 \ Nedicks foi uma rede de restaurantes de fast food fundada na cidade de Nova York em 1913 e fechada nos anos 1970 após falir. (N.E.)

Dear Toni Instead of a Letter of Congratulation Upon Your Book and Yor Daughter Whom You Say You Are Raising To Be a Correct Little Sister

I can see your daughter walking down streets of love
in revelation;
but raising her up to be a correct little sister
is doing your mama's job all over again.
And who did you make on the edge of Harlem's winter
hard and black
while the inside was undetermined
swirls of color and need
shifting, remembering
were you making another self to rediscover
in a new house and a new name
in a new place next to a river of blood
or were you putting the past together
pooling everything learned
into a new and continuous woman
divorced
from the old shit we share
and shared and sharing need not share again?

I see your square delicate jawbone
the mark of a Taurus (or Leo) as well as the ease
with which you deal with pretensions.
I dig your going and becoming

Toni querida, no lugar de uma carta parabenizando-a por seu livro e sua filha, quem você diz estar criando para ser uma pretinha muito correta

Eu posso ver sua filha caminhando por avenidas do amor
em revelação;
mas criando-a para ser uma pretinha muito correta
é fazer o trabalho da sua mãe todo de novo.
E quem você fez na beira do inverno do Harlem
dura e escura
enquanto indefinida por dentro
espirais de cor e necessidade
mudando, recordando
você estava fazendo outra você para se redescobrir
em uma casa nova e um nome novo
em um lugar novo perto de um rio de sangue
ou estava rejuntando o passado
recolhendo todo o aprendido
na forma de uma mulher nova e perene
divorciada
daquela merda de antes que partilhamos
e partilhávamos e partilhando não precisamos partilhar
                    [de novo?

Vejo a delicadeza de seu queixo reto
uma marca taurina (ou leonina) bem como a leveza
com que você lida com suas pretensões.
Eu entendo seu ir e tornar-se

the lessons you teach your daughter
our history
for I am your sister corrected and
already raised up
our daughters will explore the old countries
as curious visitors to our season
using their own myths to keep themselves sharp.
I have known you over and over again
as I've lived through this city
taking it in storm and morning strolls
through Astor Place and under the Canal Street Bridge
The Washington Arch a stone raised to despair
and Riverside Drive too close to the dangerous predawn
waters and 129th Street between Lenox and Seventh
burning my blood but not black enough
and threatening to become home.

I first saw you behind a caseworker's notebook
defying upper Madison Avenue and my roommate's concern
the ghost of Maine lobsterpots trailing behind you
and I followed you into east fourth street and out
through Bellevue's side entrance one night
into the respectable vineyards of Yeshivas intellectual gloom
and there I lost you between the books and the games
until I rose again out of Jackson Mississippi
to find you in an office down the hall from mine
calmly studying term papers like maps
marking off stations
on our trip through the heights of Convent Avenue
teaching english our children citycollege
softer and tougher and more direct
and putting your feet up on a desk you say Hi
I'm going to have a baby so now I can really indulge myself.
Through that slim appraisal of your world

as lições que você dá à sua filha
nossa história
pois eu sou sua irmã corrigida e
já criada
nossas filhas vão explorar os países velhos
como visitantes curiosas de nossa estação
usando seus próprios mitos para se manterem afiadas.
Eu te conheci de novo e mais uma vez
no que eu ia vivendo por esta cidade
tragando-a em tempestades e caminhadas de manhã
pelo Astor Place e sob a Ponte da Rua do Canal
o Arco de Washington como uma pedra erguida ao desespero
e a Via Riverside perto demais das perigosas águas antes do
amanhecer e da Rua 129 entre a Lenox e a Sétima
queimando meu sangue mas não escuras o bastante
e ameaçando se tornar um lar.

A primeira vez que te vi foi atrás de um caderno de
              [assistente social
desafiando o Upper Madison Avenue e a preocupação de
              [minha colega de quarto
a trilha fantasma das arapucas de lagosta do Maine[7] te
              [perseguindo
e eu te segui pela rua quatro leste e afora
pela entrada lateral da Bellevue numa noite
até as respeitáveis vinícolas do banzo intelectual de Yeshiva
e lá eu te perdi entre os livros e os jogos
até que eu ressurgi saindo de Jackson, Mississippi
para te achar num escritório no mesmo corredor que o meu
calmamente estudando TCCs como mapas
demarcando paradas
em sua jornada pelas alturas da Avenida Convent

7\ Maine, estado dos Estados Unidos. (N.E.)

I felt you
grinning and plucky and a little bit scared
perhaps of the madness past that had relieved you
through your brittle young will of iron
into the fire of whip steel.

I have a daughter also
who does not remind me of you
she too has deep aquatic eyes that are burning and curious.
As she moves through taboos
whirling myth like a gay hoop over her head
I know beyond fear and history
that our teaching means keeping trust
with less and less correctness
only with ourselves –
History may alter
old pretenses and victories
but not the pain my sister never the pain.

In my daughter's name
I bless your child with the mother she has
with a future of warriors and growing fire.
But with tenderness also,
for we are landscapes, Toni,
printed upon them as surely
as water etches feather on stone.
Our girls will grow into their own
Black Women
finding their own contradictions
that they will come to love
as I love you.

[September 1971]

ensinando inglês nossas crianças faculdade pública
mais macia e mais dura e mais direta
e pondo seu pé numa mesa você diz Oi
eu vou ter um bebê então agora eu posso mesmo me mimar.
Com aquele laudo elegante do seu mundo
eu te senti
alegre e valente e um pouquinho assustada
talvez com o passado de loucura que tinha te libertado
por seu frágil novo afã por ferro
fundindo em aço açoite.

Eu tenho uma filha também
que não me lembra você
mas ela também tem olhos aquáticos fundos que são
                                  [ardentes e curiosos.
Ao se mover por entre tabus ela
contorce mitos como tiaras frufrus em sua cabeça
eu sei além do medo e da história
que nossos ensinamentos significam manter a confiança
com cada vez menos correção
só com nós mesmas –
a História pode alterar
velhas pretensões e vitórias
mas não a dor minha irmã nunca a dor.

Em nome de minha filha
abençoo sua criança com a mãe que ela tem
com um futuro de guerreiras e fogo crescente.
Mas com ternura também,
pois nós somos paisagens, Toni,
impressas sobre elas tão certo
quanto a água entalha penas em pedra.
Nossas filhas vão se tornar suas próprias
Mulheres Negras

achando suas próprias contradições
que elas vão aprender a amar
assim como eu amo você.

[Setembro 1971]

Prologue

Haunted by poems beginning with I
seek out those whom I love who are deaf
to whatever does not destroy
or curse the old ways that did not serve us
while history falters and our poets are dying
choked into silence by icy distinction
death rattles blind curses
and I hear even my own voice becoming
a pale strident whisper
At night sleep locks me into an echoless coffin
sometimes at noon I dream
there is nothing to fear
now standing up in the light of my father sun
without shadow
I speak without concern for the accusations
that I am too much or too little woman
that I am too Black or too white
or too much myself
and through my lips comes the voices
of the ghosts of our ancestors
living and moving among us
Hear my heart's voice as it darkens
pulling old rhythms out of the earth
that will receive this piece of me

Prólogo

Assombrada por poemas que começam com Eu
procuro aqueles que eu amo, surdos
a tudo que não destrói
ou amaldiçoe os velhos caminhos que não nos serviram
enquanto a história fraqueja e nossos poetas morrem
engasgados até se calarem por uma distinção gélida
sua morte revira maldições cegas
e ouço até minha própria voz transformar-se
em um sussurro pálido e estridente
À noite o sono me tranca em um caixão sem eco
às vezes sonho ao meio dia
[que] não há o que temer
agora de pé sob a luz do meu pai sol
sem sombra
falo sem me preocupar com as acusações
de que sou demais ou muito pouco
de que sou negra demais ou branca demais
ou eu mesma demais
e através de meus lábios vêm as vozes
dos fantasmas de nossos ancestrais
vivendo e movendo-se entre nós
Ouça a voz do meu coração escurecendo
puxando velhos ritmos de dentro da terra
que receberá este pedaço de mim

and a piece of each one of you
when our part in history quickens again
and is over:

Hear
the old ways are going away
and coming back pretending change
masked as denunciation and lament
masked as a choice
between an eager mirror that blurs and distorts us
in easy definitions until our image
shatters along its fault
while the other half of that choice
speaks to our hidden fears with a promise
that our eyes need not seek any truer shape –
a face at high noon particular and unadorned –
for we have learned to fear
the light from clear water might destroy us
with reflected emptiness or a face without tongue
with no love or with terrible penalties
for any difference
and even as I speak remembered pain is moving
shadows over my face, my own voice fades and
my brothers and sisters are leaving;

Yet when I was a child
whatever my mother thought would mean survival
made her try to beat me whiter every day
and even now the color of her bleached ambition
still forks throughout my words
but I survived
and didn't I survive confirmed
to teach my children where her errors lay
etched across their faces between the kisses

e um pedaço de cada uma de vocês
quando nossa parte na história acelerar novamente
e acabar:

Ouça
os velhos caminhos estão indo embora
e voltam fingindo mudança
mascarados como denúncia e lamento
mascarados como escolha
entre espelhos sôfregos que embaçam e distorcem
a nós em definições fáceis
até que nossa imagem
se estilhaça
enquanto a outra metade dessa escolha
fala a nossos medos ocultos com uma promessa
de que nossos olhos não precisam procurar forma mais real –
um rosto ao sol de meio dia específico e despojado
pois aprendemos a temer
a luz da água clara pode nos destruir
com o reflexo do vazio ou um rosto sem língua
sem amor ou com castigos terríveis
por qualquer diferença
e mesmo enquanto falo minha lembrança de dor move
sombras sobre meu rosto, minha própria voz desaparece e
meus irmãos e irmãs estão partindo;

No entanto, quando eu era criança
o que quer que minha mãe pensasse significar sobrevivência
a fazia tentar me bater até me embranquecer todo dia
e ainda agora a cor de sua ambição alvejada
se bifurca através de minhas palavras
mas sobrevivi
e não é que sobrevivi consagrada
para ensinar a minhas crias onde os erros dela ficaram

that she pinned me with asleep
and my mother beating me
as white as snow melts in the sunlight
loving me into her bloods black bone–

the home of all her secret hopes and fears
and my dead father whose great hands
weakened in my judgment
whose image broke inside of me
beneath the weight of failure
helps me to know who I am not
weak or mistaken
my father loved me alive
to grow and hate him
and now his grave voice joins hers
within my words rising and falling
are my sisters and brothers listening?

The children remain
like blades of grass over the earth and
all the children are singing
louder than mourning
all their different voices
sound like a raucous question
they do not fear the blank and empty mirrors
they have seen their faces defined in a hydrants puddle
before the rainbows of oil obscured them.
The time of lamentation and curses is passing.

My mother survives now
though more than chance or token.
Although she will read what I write with embarrassment
or anger
and a small understanding

gravados em seus rostos entre os beijos
que ela me pregava durante o sono
e minha mãe me batendo
tão branca quanto a neve derrete à luz do sol
amando-me até o sangue de seu osso negro

o lar de todas as suas esperanças e medos secretos
e meu pai falecido cujas mãos imensas
enfraqueceram em meu julgamento
cuja imagem se partiu dentro de mim
sob o peso do fracasso
me ajuda a saber o que não sou
fraca ou errada
meu pai me amou viva
para que eu crescesse e o odiasse
e agora sua voz de túmulo se junta à dela
em minhas palavras subindo e quedando
minhas irmãs e irmãos estão ouvindo?

As crianças permanecem
como lâminas de grama sobre a terra e
todas as crianças estão cantando
mais alto do que o luto
todas as suas vozes soam como uma pergunta rouca
mas elas não temem os espelhos vazios
elas viram seus rostos definidos numa poça de hidrante
antes que os arco-íris de óleo os encobrissem.
O tempo de lamentação e maldições está passando.

Minha mãe sobrevive agora
graças a mais do que sorte ou prova
Embora ela vá ler o que escrevo com vergonha
ou raiva
e uma pequena compreensão

my children do not need to relive my past
in strength nor in confusion
nor care that their holy fires
may destroy
more than my failures

Somewhere in the landscape past noon
I shall leave a dark print
of the me that I am
and who I am not
etched in a shadow of angry and remembered loving
and their ghosts will move
whispering through them
with me none the wiser
for they will have buried me
either in shame
or in peace.

And the grasses will still be
Singing.

[November, 1971]

minhas crias não precisam reviver meu passado
nem em força nem em confusão
tampouco preocupar-se que seus fogos sagrados
possam destruir
mais do que meus fracassos

Em algum lugar da paisagem da tarde passada
deixarei uma impressão preta
dessa eu que sou
e de quem não sou
gravada numa sombra de amor raivoso e cheio de lembranças
e seus fantasmas vão se mover
sussurrando entre elas
com a não sábia eu
pois eles terão me enterrado
em vergonha
ou em paz.

E a grama ainda estará
Cantando.

[novembro 1971]

1976
ENTRE NÓS MESMAS

para Frances

*para quem luta
não há lugar
que não possa ser
lar.
nem que seja.*

Power

The difference between poetry and rhetoric
is being ready to kill
yourself
instead of your children.

I am trapped on a desert of raw gunshot wounds
and a dead child dragging his shattered black
face off the edge of my sleep
blood from his punctured cheeks and shoulders
is the only liquid for miles
and my stomach
churns at the imagined taste while
my mouth splits into dry lips
without loyalty or reason
thirsting for the wetness of his blood
as it sinks into the whiteness
of the desert where I am lost
without imagery or magic
trying to make power out of hatred and destruction
trying to heal my dying son with kisses
only the sun will bleach his bones quicker.

Poder

A diferença entre poesia e retórica
é estar pronta para se
matar
em vez de a suas crianças.

Estou emboscada num deserto de cruas feridas de
  [metralhadoras
e uma criança morta arrastando sua quebrada negra (en)
cara (a) beira do meu sono afora
o sangue de suas bochechas e ombros perfurados
é o único líquido em milhas
e meu estômago
se contorce ao gosto imaginado enquanto
minha boca se parte em lábios secos
sem lealdade ou razão
sedenta pela umidez do sangue dele
no que afunda branquidão adentro
no deserto onde me perco
sem imageria ou magia
tentando criar poder do ódio e da destruição
tentando curar meu filho morto com beijos
mas o sol vai alvejar seus ossos antes.

A policeman who shot down a ten year old in Queens
stood over the boy with his cop shoes in childish blood
and a voice said "Die you little motherfucker" and
there are tapes to prove it. At his trial
this policeman said in his own defense
"I didn't notice the size nor nothing else
only the color". And
there are tapes to prove that, too.

Today that 37 year old white man
with 13 years of police forcing
was set free
by eleven white men who said they were satisfied
justice had been done
and one Black Woman who said
"They convinced me" meaning
they had dragged her 4'10" black Woman's frame
over the hot coals
of four centuries of white male approval
until she let go
the first real power she ever had
and lined her own womb with cement
to make a graveyard for our children.

I have not been able to touch the destruction
within me.
But unless I learn to use
the difference between poetry and rhetoric
my power too will run corrupt as poisonous mold
or lie limp and useless as an unconnected wire
and one day I will take my teenaged plug
and connect it to the nearest socket
raping an 85 year old white woman
who is somebody's mother

Um policial que executou um menino de dez anos de idade
[no Queens
postou-se sobre o garoto com suas botas de gambé em
[sangue infantil
e uma voz disse "Morre, seu muleque filho da puta" e
há gravações que provam isso. Em seu julgamento
o policial disse em sua própria defesa
"Eu não percebi a idade nem nada disso
só a cor". E
há gravações que provam isso, também.

Hoje esse homem branco de 37 anos
com 13 anos de serviço policial
foi inocentado
por onze homens brancos que disseram estar safisfeitos
justiça fora feita
e por uma Mulher Negra que disse
"Eles me convenceram", ou seja,
eles arrastaram sua base de 1 metro e meio de Mulher Negra
sobre o carvão em brasa
de quatro séculos de aprovação branca masculina
até que ela abrisse mão
do primeiro poder real que ela teve na vida
e cobriram seu próprio útero com cimento
para fazer o túmulo das nossas crianças.

Eu não consegui tocar a destruição
dentro de mim.
Mas a não ser que eu aprenda a usar
a diferença entre poesia e retórica
meu poder também vai jorrar corrupto feito mofo envenenado
ou quedar inerte e inútil feito um fio desplugado
e um dia eu vou pegar meu plug adolescente
e conectá-lo na tomada mais próxima

and as I beat her senseless and set a torch to her bed
a greek chorus will be singing in 3/4 time
"Poor thing. She never hurt a soul. What beasts they are."

estuprando uma idosa branca de 85 anos
que é mãe de alguém
e no que a espanco até perder os sentidos e taco fogo em
[sua cama
um coro grego vai cantar em compasso ternário
"Pobrezinha. Nunca fez mal a ninguém. Quão bestiais
[eles são".

School Note

My children play with skulls
for their classrooms
are guarded by warlocks
who scream at the walls collapsing
into paper toilets
plump witches mouth ancient curses
in an untaught tongue
test children upon their meanings
assign grades
in a holocaust
ranging
from fury down through contempt.

My children play with skulls
at school
they have already learned
to dream of dying
their playgrounds
were graveyards
where nightmares of no
stood watch over rented earth
filled with the bones of tomorrow.

Nota escolar

Minhas crias brincam com caveiras
pois suas salas de aula
são vigiadas por bruxos
que berram pelas paredes desabando
como banheiros de papel
bruxas roliças lançam antigas maldições
em uma língua não ensinada
testam crianças sobre seus significados
dando notas
em um holocausto
que varia
da fúria ao desprezo.

Minhas crias brincam com caveiras
na escola
elas já aprenderam
a sonhar com a morte
seus parquinhos
eram cemitérios
onde pesadelos do não
montavam guarda na terra alugada
cheia de ossos do amanhã.

My children play with skulls
and remember
for the embattled
there is no place
that cannot be
home
nor is.

**Minhas crias brincam com caveiras
e se recordam
que para quem luta
não há lugar
que não possa ser
lar
nem que seja.**

Solstice

We forgot to water the plantain shoots
when our houses were full of borrowed meat
and our stomachs with the gifts of strangers
who laugh now as they pass us
because our land is barren
the farms are choked
with stunted rows of straw
and with our nightmares of juicy brown yams
that cannot fill us.
The roofs of our houses rot from last winter's water
but our drinking pots are broken
we have used them to mourn the death of old lovers
the next rain will wash our footprints away
and our children have married beneath them.

Our skins are empty.
They have been vacated by spirits
who are angered by our reluctance
to feed them
in baskets of straw made from sleep grass
and the droppings of civets
they have been hidden away by our mothers
who are waiting for us at the river.

Solstício

Esquecemos de regar as mudas de bananeira
quando nossas casas estavam cheias de carne emprestada
e nossos estômagos com os presentes de estranhos
que agora riem de nós enquanto nos ultrapassam
porque nossa terra é árida
as fazendas estão sufocadas
com rolos enfileirados de palha
e com nossos pesadelos de inhame marrom suculento
que não pode nos nutrir.
Os telhados de nossas casas apodrecem da chuva do
　　　　　　　　　　　　　[inverno passado
mas nossas moringas estão quebradas
nós as usamos para carpidar a morte de amantes idas
a próxima chuva vai lavar embora nossas pegadas
e nossos filhos se casaram sob elas.

Nossas peles estão vazias.
Elas foram abandonadas pelos espíritos
que estão enraivecidos por nossa relutância
em alimentá-los
em cestas de palha feita de capim dormido
e as fezes das civetas
foram bem escondidas por nossas mães
que estão nos esperando no rio.

My skin is tightening
soon I shall shed it
like a monitor lizard
like remembered comfort
at the new moons rising
I will eat the last signs of my weakness
remove the scars of old childhood wars
and dare to enter the forest whistling
like a snake that had fed the chameleon
for changes
I shall be forever.

May I never remember reasons
for my spirit's safety
may I never forget
the warning of my woman's flesh
weeping at the new moon
may I never lose
that terror
which keeps me brave
may I owe nothing
that I cannot repay.

Minha pele está se esgarçando
logo eu devo deixá-la
como um lagarto-monitor
como conforto relembrado
na lua nova nascente
eu vou comer os últimos sinais da minha fraqueza
remover as cicatrizes de velhas guerras infantis
e ousar entrar na floresta silvando
como uma cobra que alimentou o camaleão
por mudanças
que eu serei para sempre.

Que eu nunca me lembre de razões
para a segurança do meu espírito
que eu nunca esqueça
os avisos da minha carne de mulher
chorando na lua nova
que eu nunca perca
aquele terror
que me mantém brava
que eu nunca deva
o que não possa devolver.

Scar

This is a simple poem.
For the mothers sisters daughters
girls I have never been
for the women who clean the Staten Island Ferry
for the sleek witches who burn
me at midnight
in effigy
because I eat at their tables
and sleep with their ghosts.

These stones in my heart are you
of my own flesh
whittling me with your sharp false eyes
searching for prisms
falling out of your head
laughing me out of your skin
because you do not value your own
self
nor me.

This is a simple poem
I will have no mother no sister no daughter
when I am through
and only the bones are left

Cicatriz

Esse é um poema simples.
Para as mães irmãs filhas
garotas que eu nunca fui
para a mulher que limpa o ferry de Staten Island
para as bruxas lustrosas que me
ardem à meia-noite
em efígie
porque eu como em suas mesas
e durmo com seus fantasmas.

Essas pedras em meu coração são vocês
carne da minha carne
talhando-me com seus afiados olhos falsos
buscando por prismas
caindo fora de sua cabeça
rindo-me sua pele afora
porque você não dá valor a si
mesma
nem a mim.

Esse é um simples poema
eu não terei mãe nenhuma irmã nenhuma filha nenhuma
quando eu morrer
e só restarem ossos

see how the bones are showing
the shape of us at war
clawing our own flesh out
to feed the backside of our masklike faces
that we have given the names of men.

Donald DeFreeze I never knew you so well
as in the eyes of my own mirror
did you hope
for blessing or pardon
lying
in bed after bed
or was your eye sharp and merciless enough
to endure
beyond the deaths of wanting?

With your voice in my ears
with my voice in your ears
try to deny me
I will hunt you down
through the night veins of my own addiction
through all my unsatisfied childhoods
as this poem unfolds
like the leaves of a poppy
I have no sister no mother no children
left
only a tideless ocean of moonlit women
in all shades of loving
learning a dance of open and closing
learning a dance of electrical tenderness
no father no mother would teach them.

veja como os ossos mostram
a forma de nós em guerra
arrancando nossa própria carne à unha
para alimentar o inverso de nossas faces mascaradas
às quais nós demos os nomes de homens.

Donald DeFreeze,[8] eu nunca te conheci tão bem
quanto nos olhos do meu próprio espelho
será que você esperou
por benção ou perdão
deitando
de cama em cama
ou seu olho era afiado e impiedoso o bastante
para suportar
além das mortes do querer?

Com sua voz em meus ouvidos
com minha voz em seus ouvidos
tente me negar
eu vou caçar você
pelas veias noturnas de meu próprio vício
por todas as minhas infâncias insatisfeitas
enquanto esse poema se desdobra
feito as folhas da papoula
eu não tenho nem irmã nem mãe nem filhas
mais
só um oceano desmareado de mulheres enluaradas
em todas as sombras de amar
aprendendo uma dança de abrir e fechar
aprendendo uma dança de ternura elétrica
que nenhum pai nem mãe poderiam ensiná-las.

8\ Donald DeFreeze (1943–1974), também conhecido como Cinque Mtume ou Field Marshal Cinque, foi o líder da organização Symbionese Liberation Army [Exército Simbinês de Libertação], organização revolucionária de orientação marxista que atuou nos Estados Unidos. (N.E)

Come Sambo dance with me
pay the piper dangling dancing
his knee high darling
over your wanting
under your bloody
white faces come Bimbo come Ding Dong
watch the city falling down down
down lie down bitch slow down nigger
so you want a cozy womb to hide you
to pucker up and suck you back
safely
well I tell you what I'm gonna do
next time you head for the hatchet
really need some nook to hole up in
look me up
I'm the ticket taker on a queen
of rollercoasters
I can get you off
cheap.

This is a simple poem
sharing my head with the dream
of a big black woman with jewels
in her eyes
she dances
her head in a golden helmet
arrogant
plumed
her name is Colossa
her thighs are like stanchions
or flayed hickory trees
embraced in armour
she dances
in slow earth shaking motions

Vem, Sambo,[9] dançar comigo
pague o flautista dançando suspenso
seu joelho alto, querido
por cima do seu desejo
por sobre suas sangrentas
caras brancas, vem, Bimbo, vem, Ding Dong,[10]
vem ver a cidade cá
indo indo
vai puta deita vai no chão negão
então você quer um útero quentinho pra te esconder
pra te franzir e te sugar de volta
tranquilo
bom, 'xo te dizer o que vou fazer
na próxima vez que cê cair na pista
precisando duma brecha pra furar
vem pra mim
eu sou a bilheteira na rainha
das montanhas russas
posso te fazer gozar
bem baratinho.

Esse é um poema simples
compartilhando minha cabeça com o sonho
de uma mulher negra grandona, cheia de jóias
nos olhos
ela dança
sua cabeça num capacete dourado
arrogante

9\ Sambo é uma caricatura e estereótipo racista estadunidense sobre homens pretos. Um Sambo seria um homem preto indolente, dançarino e cantador, que leva uma vida despreocupada. Esse estereótipo foi uma ferramenta cultural de manutenção da mentalidade escravista do sul dos Estados Unidos. Minha fonte é o documentário de Marlon Riggs, "Ethnic Notions". (N. R.)
10\ Pejoraivos: "Bimbo" é pessoa estúpida. Mulher atraente e pouco inteligente. Homem imoral ou desprezível. "Ding Dong" é pessoa boba ou tola. (N. R.)

that suddenly alter
and lighten
as she whirls laughing
tooled metal over her hips
comes to an end
and at the shiny edge
an astonishment
of soft black curly hair.

emplumada
seu nome é Colossa
suas coxas são como pilares
ou nogueiras descascadas
envolta em armadura
ela dança
em passos lentos de terremoto
que de repente mudam
e iluminam
no que ela rodopia gargalhante
metal talhado sobre seus quadris
vai até o fim
e na beira brilhante
um espanto
de maciez crespa preta cabeleira.

Between Ourselves

Once when I walked into a room
my eyes would seek out the one or two black faces
for contact or reassurance or a sign
I was not alone
now walking into rooms full of black faces
that would destroy me for any difference
where shall my eyes look?
Once it was easy to know
who were my people.

If we were stripped of all pretense
to our strength
and our flesh was cut away
the sun would bleach all our bones
as white
as the face of my black mother
was bleached white by gold
or Orishala
and how
does that measure me?

I do not believe
our wants have made all our lies
holy.

Entre nós mesmas

Antes, ao adentrar uma sala
meus olhos buscariam duas ou três caras pretas,
para contato ou garantia ou um sinal
de que eu não estava só
agora entrando em salas cheias de caras pretas
que me destruiriam por qualquer diferença
para onde meus olhos devem olhar?
Antes era fácil saber
quem era meu povo.

Se nos despissem de toda pretensão
de nossa força
e nossa carne fosse arrancada
o sol alvejaria todos os nossos ossos
em branco
quanto a face da minha mãe negra
foi alvejada branca por ouro
ou Orixalá
e como
isso me mensura?

Eu não acredito
que nossos quereres tornaram sagradas todas as nossas
mentiras.

Under the sun on the shores of Elmina
a black man sold the woman who carried
my grandmother in her belly
he was paid with bright yellow coins
that shone in the evening sun
and in the faces of her sons and daughters.
When I see that brother behind my eyes
his irises are bloodless and without colour
his tongue clicks like yellow coins
tossed up on this shore
where we share the same corner
of an alien and corrupted heaven
and whenever I try to eat
the words
of easy blackness as salvation
I taste the colour
of my grandmother's first betrayal.

I do not believe
our wants
have made our lies
holy.

But I do not whistle this man's name
at the shrine of Shopana
I cannot bring down the rosy juices of death upon him
nor forget Orishala
is called the god of whiteness
who works in the dark wombs of night
forming the shapes we all wear
so that even the cripples and dwarfs and albinos
are sacred worshipers
when the boiled corn is offered.

Embaixo do sul da costa de Elmina[11]
um homem negro vendeu a mulher que carregava
minha avó na sua barriga
ele foi pago com moedas amarelas brilhantes
que brilhavam no sol poente
e na face de seus filhos e filhas.
Quando vejo esse irmão dentro dos meus olhos
suas íris estão exangues e sem cor
sua língua tilinta feito moedas amarelas
jogadas nessa costa
onde compartilhamos a mesma esquina
de um céu estrangeiro e corrupto
e toda vez que eu tento comer
as palavras
de negritude fácil como salvação
eu saboreio a cor
da primeira traição que minha avó viveu.

Eu não acredito
que nossos quereres
tornaram sagradas todas as nossas
mentiras.

Mas eu não assovio o nome desse homem
no templo de Xapanã
eu não posso jorrar sobre ele os sumos rosados da morte
nem esquecer que Orixalá
é chamado o deus que veste branco
e trabalha nos úteros sombrios da noite
moldando as formas que nós todes vestimos
fazendo com que até aleijados e anões e albinos[12]

11\ Atual Gana. (N.R.)
12\ Em inglês, "cripples","dwarfs"; não "pessoas com deficiência" nem "com nanismo". Audre Lorde parece estar criticando o uso de termos depreciativos, assim como

Humility lies
in the face of history
I have forgiven myself
for him
for the white meat
we all consumed in secret
before we were born
we shared the same meal.
When you impale me
upon your lances of narrow blackness
before you hear my heart speak
mourn your own borrowed blood
with your own borrowed visions
singing trough a foreign tongue.
Do not mistake my flesh
for the enemy
do not write my name in the dust
before the shrine of the god of smallpox
for we are all children of Eshu
god of chance and the unpredictable
and we each wear many changes
inside of our skin.

Armed with scars
healed
in many different colors
I look in my own faces
as Eshu's daughter
crying
if we do not stop killing
the other
in ourselves
the self that we hate
in others

sejam adoradores sagrados
na oferenda da canjica.

A humildade se põe
à face da história
e eu já me perdoei
por ele
pela carne branca
que nós todos consumimos em segredo
antes de nascermos
nós compartilhamos a mesma refeição.
Quando você me empala
em suas lanças de negritude estreita
antes que ouça meu coração falar
pranteie seu próprio sangue emprestando
suas próprias visões emprestadas
cantando numa língua estrangeira.
Não tome minha carne
pela do inimigo
não escreva meu nome no pó
frente ao santuário do deus da varíola
pois nós somos todes crianças de Exu
deus do acaso e do imprevisível
e cada qual de nós veste muitas transformações
dentro de nossa pele.

Armada com cicatrizes
curada
em muitas cores diferentes
eu olhei nas minhas próprias caras
feita filha de Exu

"nigger", que aparece em poema anterior, por isso foram mantidos termos pejorativos em português. (N.T.)

soon we shall all lie
in the same direction
and Eshidale's priests will be very busy
they who alone can bury
all those who seek their own death
by jumping up from the ground
and landing upon their heads.

chorando
se nós não paramos de matar
o outro
dentro de nós
o eu que nós odiamos
nos outros
logo nós estaremos
na mesma posição
e os babalorixás de Eshidale[13] vão ficar muito ocupados
pois só eles podem enterrar
toda essa gente que busca a própria morte
saltando do chão
e pousando sobre suas cabeças.

---

13 \ Orixá da região nigeriana de Ifé, cujos sacerdotes enterram pessoas que cometeram suicídio pulando do chão e caindo de cabeça. Ver p. 214. (N.R.)

Outside

In the centre of a harsh and spectrumed city
all things natural are strange.
I grew up in a genuine confusion
between grass and weeds and flowers
and what coloured meant
except for clothes you couldn't bleach
and nobody called me nigger
until I was thirteen.
Nobody lynched my momma
but what she'd never been
had bleached her face of everything
but very private furies
and made the other children
call me yellow snot at school.
And how many times have I called myself back
through my bones confusion
black
like marrow meaning meat
for my soul's hunger
and how many times have you cut me
and run in the streets
my own blood
who do you think me to be
that you are terrified of becoming

Lá fora

No centro duma cidade dura e espectral
todas as coisas naturais ficam estranhas.
Eu cresci numa confusão genuína
entre grama e sementes e flores
e o que significava ser de cor
a não ser pelas roupas que não dava pra por na quiboa[14]
e ninguém me xingou de preta
até meus treze.
Ninguém linchou minha momma
mas o que ela nunca seria
alvejou seu rosto de qualquer coisa
menos de fúrias muito íntimas
e fez as outras crianças
me chamarem de ranho amarelo na escola.
E agora muitas vezes eu tenho me chamado negra
por minha confusão óssea
negra
feito medula significando carne
para a fome da minha alma
e quantas vezes você me cortou
e correu pelas ruas

14 \ Composto químico para limpeza e desinfecção, com função alvejante, como água sanitária. (N.E.)

or what do you see in my face
you have not already discarded
in your own mirror
what face do you see in my eyes
that you will someday
come to
acknowledge your own?

Who shall I curse that I grew up
believing in my mother's face
or that I lived in fear of the potent darkness
that wore my father's shape
they have both marked me
with their blind and terrible love
and I am lustful now for my own name.

Between the canyons of my parents' silences
mother bright and father brown
I seek my own shapes now
for they never spoke of me
except as theirs
and the pieces that I stumble and fall over
I still record as proof
that I am beautiful
twice
blessed with the images
of who they were
and who I thought them once
to be
of what I move
toward and through
and what I need
to leave behind me
for most of all I am

sangue do meu sangue
quem você pensa que eu sou
que você tem medo de se tornar
ou o que você vê no meu rosto
que já não tenha descartado
em seu próprio espelho
qual rosto você vê nos meus olhos
que um dia vai
chegar a
reconhecer como seu mesmo?

Quem devo praguejar por eu ter crescido
acreditando no rosto de minha mãe
ou por ter vivido temendo a escuridão potente
que vestia a forma do meu pai?
Ela e ele me marcaram
com seu amor cego e terrível
e eu agora estou lasciva por meu próprio nome.

Entre os cânions do silêncio de minha mãe e pai
mãe clara pai marrom
eu busco agora minhas próprias formas
pois eles nunca falaram de mim
a não ser como sua
e dos pedaços em que eu tropeço e caio
eu ainda registro como prova
de que sou bela
duas vezes
abençoada com as imagens
de quem eles foram
e quem eu um dia pensei
que fossem
das quais me movo
desde e através

blessed within my selves
who are come to make our shattered faces
whole.

**e as quais eu preciso
deixar para trás
pois acima de tudo sou
abençoada entre meus eus
vindos pra fazer inteiros
nossos rostos quebrados.**

A Woman /
Dirge for Wasted Children

Awakening
rumors of the necessity for your death
are spread by persistent screaming flickers
in the morning light
I lie
knowing it is past time for sacrifice
and I burn
like the hungry tongue of an ochre fire
like a benediction of fury
pushed before the heel of the hand
of the thunder goddess
parting earth's folds with a searching finger
I yield
one drop of blood
which I know instantly
is lost.

A man has had himself
appointed
legal guardian of fetuses.
Centuries of wasted children
warred and whored and slaughtered
anoint me guardian
for life.

Uma mulher /
Lamento para crianças perdidas

para Clifford

Despertar
rumores da necessidade de sua morte
se espalham pelos lampejos que gritam persistentes
na luz da manhã
eu deito
sabendo que já passou a hora do sacrifício
e eu queimo
feito a língua faminta de um fogo ocre
feito uma bendição de fúria
lançada pela palma da mão
da deusa do trovão
abrindo as dobras da terra com um dedo minucioso
eu produzo
uma gota de sangue
que eu sei de súbito
perdida.

Um homem nomeou
a si mesmo
guardião legal de fetos.
Séculos de crianças perdidas
guerreadas e prostituídas e massacradas
me ungem guardiã
da vida.

But in the early light
another sacrifice is taken
unchallenged
a small dark shape rolls down
a hilly slope
dragging its trail of wasted blood
upon the ground
I am broken
into clefts of screaming
that sound like the drilling flickers
in treacherous morning air
on murderous sidewalks
I am bent
forever
wiping up blood
that should be
you.

Mas na luz primeira
outro sacrifício é feito
sem questionamento
uma pequena forma escura escorre
um declive montanhoso
arrastando sua trilha de sangue perdido
até o chão
estou quebrada
em fendas de gritos
que soam como a mineração cintilante
em ar matutino traiçoeiro
nas calçadas assassinas
eu estou curvada
para sempre
limpando o sangue
que devia ser
você.

1982
POEMAS ESCOLHIDOS — VELHOS E NOVOS

Para Frances Louise Clayton

nossas pegadas sustentam este lugar
nossas pegadas fazem o todo possível.

The Evening News

First rule of the road: attend quiet victims first.

I am kneading my bread Winnie Mandela
while children who sing in the streets of Soweto
are jailed for inciting to riot
the moon in Soweto is mad
is bleeding my sister into the earth
is mixing her seed with the vultures'
greeks reap her like olives out of the trees
she is skimmed like salt
from the skin of a hungry desert
while the Ganvie fisherwomen with milk-large breasts
hide a fish with the face of a small girl
in the prow of their boats.

Winnie Mandela I am feeling your face
with the pain of my crippled fingers
our children are escaping their birth
in the streets of Soweto and Brooklyn
(what does it mean
our wars
being fought by our children?)

O jornal da noite

Primeira regra da estrada: atenda às vítimas quietas primeiro.

Estou sovando meu pão, Winnie Mandela
enquanto crianças que cantam nas ruas de Soweto
são encarceradas por incitarem os levantes
a lua em Soweto está furiosa
está sangrando minha irmã terra adentro
está misturando suas sementes com as sementes dos abutres
gregos arrancam-na como olivas no pé
ela é desnatada feito sal
da pele dum deserto faminto
pescadoras de Ganvie com peitos cheios de leite
escondem um peixe que tem o rosto duma menina pequena
na proa de seus barcos.

Winnie Mandela estou sentindo seu rosto
com a dor de meus dedos deformados
nossas crianças estão evadindo de seus nascimentos
nas ruas de Soweto e do Brooklyn
(o que significa
nossas guerras
sendo lutadas por nossas crianças?)

Winnie Mandela our names are like olives, salt, sand
the opal, amber, obsidian that hide their shape well.
We have never touched shaven foreheads together
yet how many of our sisters' and daughters' bones
whiten in secret
whose names we have not yet spoken
whose names we have never spoken
I have never heard their names spoken.

*Second rule of the road: any wound will stop bleeding if
you press down hard enough.*

**Winnie Mandela nossos nomes são como olivas, sal, silício
opala, âmbar, obsidiana que escondem bem seus feitios.
Nós nunca tocamos testas raspadas juntas
mas a ossada de quantas de nossas irmãs e filhas
branqueia secreta
elas de nomes ainda não ditos por nós
elas de nomes nunca ditos por nós
eu nunca ouvi os nomes delas serem ditos.**

Segunda regra da estrada:
qualquer ferida vai parar de sangrar se
você pressionar forte o bastante.

Za Ki Tan Ke Parlay Lot*

*Called in the streets of Carriacou, West Indies, before a funeral or burial.

Oh za ki tan ke parlay lot
you who hear tell the others
there is no metaphor for blood
flowing from children
these are your deaths
or your judgment
za ki tan ke parlay lot
you who hear tell the others
this is not some other cities' trial
your locks are no protection
hate chips at your front doors like flint
flames creep beneath them
my children are resting in question
so your tomorrows flicker
a face without eyes
without future
za ki tan ke parlay lot
whose visions lie dead in the alleys
dreams bagged like old leaves
anger shorn of promise
you are drowning in my children's blood
without metaphor
oh you who hear tell the others
za ki tan ke parlay lot.

Za Ki Tan Ke Parlay Lot*

*Canto ecoado pelas ruas de Carriacou, América Central, antes de um funeral ou cremação.

Oh za ki tan ke parlay lot
tu que ouve diga aos outros
que não tem metáfora pro sangue
escorrendo de crianças
estes são teus mortos
ou teus juízos
za ki tan ke parlay lot
tu que ouve diga aos outros
este não é qualquer toque de recolher
tuas trancas não te protegem
o ódio chispa teus portais feito faíscas
chamas ardem entre elas
minhas crianças estão descansando em dúvida
e teus amanhãs vacilam
um rosto sem olhos
sem futuro
za ki tan ke parlay lot
cujas visões quedam mortas nos becos
sonhos fenecem feito folhas velhas
raiva isenta de promessa
tu se afoga no sangue das minhas crianças
sem metáfora
oh tu que ouve diga aos outros
za ki tan ke parlay lot.

Afterimages

I

However the image enters
its force remains within
my eyes
rockstrewn caves where dragonfish evolve
wild for life, relentless and acquisitive
learning to survive
where there is no food
my eyes are always hungry
and remembering
however the image enters
its force remains.
A white woman stands bereft and empty
a black boy hacked into a murderous lesson
recalled in me forever
like a lurch of earth on the edge of sleep
etched into my visions
food for dragonfish that learn
to live upon whatever they must eat
fused images beneath my pain.

II

The Pearl River floods through the streets of Jackson
A Mississippi summer televised.

Pós-imagens

I

Seja como for que a imagem entre
sua força permanece dentro
dos meus olhos
cavernas rochosas onde evolui o peixe-dragão
selvagem pela vida, incansável e ávido
aprendendo a viver
onde não há comida
meus olhos estão sempre famintos
e lembrando-se
seja como for que a imagem entre
sua força permanece.
Uma mulher branca se posta arrasada e oca
um menino negro devorado numa lição assassina
relembrados em mim para sempre
como um susto de queda na beira do sono
gravado em minhas visões
comida ao peixe-dragão que aprende
a viver do que quer que possa comer
imagens fundidas sob minha dor.

II

O rio Pearl inunda as ruas de Jackson
Um verão do Mississippi televisionado.

Trapped houses kneel like sinners in the rain
a white woman climbs from her roof to a passing boat
her fingers tarry for a moment on the chimney
now awash
tearless and no longer young, she holds
a tattered baby's blanket in her arms.
In a flickering afterimage of the nightmare rain
a microphone
thrust up against her flat bewildered words
    "we jest come from the bank yestiddy
        borrowing money
            now everything's gone. I never knew
            it could be so hard."
Despair weighs down her voice like Pearl River mud
caked around the edges
her pale eyes scanning the camera for help or explanation
unanswered
she shifts her search across the watered street, dry-eyed
    "hard, but not this hard."
Two tow-headed children hurl themselves against her
hanging upon her coat like mirrors
until a man with ham-like hands pulls her aside
snarling "She ain't got nothing more to say!"
and that lie hangs in his mouth
like a shred of rotting meat.

III

I inherited Jackson, Mississippi.
For my majority it gave me Emmett Till
his 15 years puffed out like bruises
on plump boy-cheeks
his only Mississippi summer
whistling a 21 gun salute to Dixie

Casas emboscadas se dobram como pecadores na chuva
uma mulher branca em seu telhado sobe num barco de
              [passagem
seus dedos se agarram por um momento à chaminé
submersa agora
ela nem chora nem é mais jovem, segura
uma manta de bebê esfarrapada nos braços.
Numa pós-imagem vacilante no pesadelo da chuva
um microfone
empurrado contra suas palavras retas aturdidas
   "nós tinha chegado ontem mesmo do banco
      pegamo dinheiro emprestado pra pagar o imposto de renda
      agora acabou foi tudo. eu nunca pensei
      que podia ser tão difícil."
O desespero marca suas palavras como a lama enrijecida
nas margens do rio Pearl
seus olhos pálidos vasculhando a câmera por ajuda ou
              [explicação
sem resposta
ela se põe a procurar pela rua encharcada, olhos secos
   "difícil, mas não tão difícil assim."
Duas crianças loiríssimas grudam-se nela
dependuradas em seu casaco feito espelhos
até que um homem com mãos de presunto puxa-a de lado
rosnando "Ela num tem mais nada pra dizer não!"
e aquela mentira fica pendurada na boca dele
como uma fatia de carne podre.

III

Eu herdei Jackson, Mississippi.
Pela maioridade ela me deu Emmett Till[15]

---

15 \ Emmett Louis Till (1941 – 1955) foi um menino negro linchado no Mississippi em 1955

as a white girl passed him in the street
and he was baptized my son forever
in the midnight waters of the Pearl.

His broken body is the afterimage of my 21st year
when I walked through a northern summer
my eyes averted
from each corner's photographies
newspapers protest posters magazines
Police Story, Confidential, True
the avid insistence of detail
pretending insight or information
the length of gash across the dead boy's loins
his grieving mother's lamentation
the severed lips, how many burns
his gouged out eyes
sewed shut upon the screaming covers
louder than life
all over
the veiled warning, the secret relish
of a black child's mutilated body
fingered by street-corner eyes
bruise upon livid bruise
and wherever I looked that summer
I learned to be at home with children's blood
with savored violence
with pictures of black broken flesh
used, crumpled, and discarded
lying amid the sidewalk refuse
like a raped woman's face.

A black boy from Chicago
whistled on the streets of Jackson, Mississippi
testing what he'd been taught was a manly thing to do

seus 15 anos inchados feito hematomas
nas bochechas roliças de menino
seu único verão no Mississippi
zunindo uma salva de 21 tiros para Dixie[16]
No momento em que uma garota branca passou por ele na rua
e ele foi batizado meu filho para sempre
nas águas noturnas do Pearl.

Seu corpo partido é a pós-imagem do meu 21º aniversário
quando caminhei através de um verão nortista
meus olhos avessos
a cada canto com fotografias
jornais panfletos cartazes revistas
História Policial, Confidencial, Verídica
a insistência ávida do detalhe
fingindo vislumbre ou informação
o tamanho do talho no lombo do garoto morto
o lamento de sua mãe em luto
os lábios cortados, quantas queimaduras
seus olhos arrancados
costurados nas imagens que gritam
mais alto que a vida
por toda parte
o aviso velado, o prazer secreto
sobre o corpo de uma criança negra mutilada
apontada pelos olhos da esquina
um hematoma lívido sobre o outro
e onde quer que eu olhasse naquele verão
eu aprendi a estar em casa com sangue infantil

após ser acusado de ofender uma mulher branca. Postumamente, tornou-se um ícone do movimento pelos direitos civis nos Estados Unidos.
16 \ Dixie refere-se à Região Sul dos Estados Unidos, compreendendo os estados do Texas, Arkansas, Louisiana, Mississippi, Tennessee, Alabama, Carolina do Sul, Carolina do Norte, Geórgia e Flórida.

his teachers
ripped his eyes out his sex his tongue
and flung him to the Pearl weighted with stone
in the name of white womanhood
they took their aroused honor
back to Jackson
and celebrated in a whorehouse
the double ritual of white manhood
confirmed.

IV

   "If earth and air and water do not judge them who are
   we to refuse a crust of bread?"

Emmett Till rides the crest of the Pearl, whistling
24 years his ghost lay like the shade of a raped woman
and a white girl has grown older in costly honor
(what did she pay to never know its price?)
now the Pearl River speaks its muddy judgment
and I can withhold my pity and my bread.
   "Hard, but not this hard."

Her face is flat with resignation and despair
with ancient and familiar sorrows
a woman surveying her crumpled future
as the white girl besmirched by Emmett's whistle
never allowed her own tongue
without power or conclusion
unvoiced
she stands adrift in the ruins of her honor
and a man with an executioner's face
pulls her away.

com violência saboreada
com fotos de carne negra rasgada
largadas no meio da recusa da calçada
feito o rosto duma mulher estuprada.

Um garoto negro de Chicago
assoviou nas ruas de Jackson, Mississippi
testando o que ele lhes ensinaram ser algo másculo a fazer
seus professores
arrancaram seus olhos seu sexo sua língua
e o afundaram no Pearl amarrado a uma pedra
em nome da feminilidade branca
eles levaram sua honra ativa
de volta a Jackson
e celebraram num prostíbulo
o ritual duplo da fraternidade branca
confirmado.

IV

"Se a terra, o ar, a água não julgam eles quem somos nós para recusar uma côdea de pão?"

Emmett Till surfa a crista do Pearl, silvando
por 24 anos o fantasma dele, feito a sombra duma mulher
                                    [estuprada
e uma menina branca foi amadurecida sobre uma honra custosa
(o que ela pagou para nunca saber o preço disto?)
agora o rio Pearl pronuncia seu julgamento enlameado
e eu posso conter minha pena e meu pão.
   "Difícil, mas não tão difícil assim."

Seu rosto plano de resignação e desespero
de mágoas antigas e familiares

Within my eyes
the flickering afterimages of a nightmare rain
a woman wrings her hands
beneath the weight of agonies remembered
I wade through summer ghosts
betrayed by vision
hers and my own
becoming dragonfish to survive
the horrors we are living
with tortured lungs
adapting to breathe blood.

A woman measures her life's damage
my eyes are caves, chunks of etched rock
tied to the ghost of a black boy
whistling
crying and frightened
her tow-headed children cluster
like little mirrors of despair
their father's hands upon them
and soundlessly
a woman begins to weep.

[1981]

uma mulher perscrutando seu futuro desmoronado
enquanto uma menina branca é maculada pelo assovio de
[Emmett
nunca permitido na sua própria língua
sem poder ou conclusão
silenciada
ela fica à deriva das ruínas de sua honra
e um homem com cara de carrasco
leva ela dali.

Dentro dos meus olhos
as pós-imagens vacilantes de uma chuva de pesadelo
uma mulher contorce as mãos
sob o peso de agonias rememoradas
eu vagueio por entre fantasmas do verão
traída pela visão
dela e a minha própria
tornar-se peixe-dragão para sobreviver
com pulmões torturados
adaptando-se a respirar sangue.

Uma mulher mensura o dano em sua vida
meus olhos são cavernas, lascas de rocha entalhada
amarrada ao fantasma de um garoto negro
assoviando
chorando e aterrorizado
seus filhos loiríssimos grudados
como pequenos espelhos de desespero
as mãos do pai sobre eles
e sem barulho nenhum
uma mulher começa seu pranto.

[1981]

A Poem For Women in Rage

A killing summer heat wraps up the city
emptied of all who are not bound to stay
a Black woman waits for a white woman
leans against the railing in the Upper West Side street
at intermisston
the distant sounds of Broadway dim to lulling
until I can hear the voice of sparrows
like a promise I await
the woman I love
our slice of time
a place beyond the city's pain.

The corner phonebooth a woman
glassed in by reflections of the street between us
her white face dangles
a tapestry of disasters seen
through a veneer of order
her mouth drawn like an ill-used roadmap
to eyes without core, a bottled heart
the impeccable credentials of old pain.

The veneer cracks open
hate launches through the glaze into my afternoon
our eyes touch like hot wire

Um poema para mulheres com raiva

Um verão quente de matar envolve a cidade
esvaziada de todo mundo que não tem que ficar
uma mulher negra espera uma mulher branca
escora-se na grade numa rua do Upper Westside
um intervalo
os sons distantes da Broadway se reduzem a um embalo
até que eu consigo ouvir a voz dos pardais
feito uma promessa eu espero
pela mulher que eu amo
nossa fatia de tempo
um lugar além da dor da cidade.

No orelhão da esquina uma mulher
envidraçada pelos reflexos da rua entre nós
seu rosto branco oscila
uma tapeçaria de desastres vista
através de um verniz de ordem
sua boca desenhada como um mapa rodoviário mal usado
por olhos sem cerne, um coração engarrafado
credenciais impecáveis de dor antiga.

O verniz se parte
o ódio se lança vítreo minha tarde adentro
nossos olhos se tocam feito fio quente

and the street snaps into nightmare
a woman with white eyes is clutching
a bottle of Fleischmann's gin
is fumbling at her waistband
is pulling a butcher knife from her ragged pants
her hand arcs back "You Black Bitch!"
the heavy blade spins out toward me
slow motion
years of fury surging upward like a wall
I do not hear it
clatter to the pavement at my feet.

A gear of ancient nightmare churn
swift in familiar dread and silence
but this time I am awake, released
I smile. Now. This time is
my turn.
I bend to the knife my ears blood-drumming
across the street my lover's voice
the only moving sound within white heat
"Don't touch it!"
I straighten, weaken, then start down again
hungry for resolution
simple as anger and so close at hand
my fingers reach for the familiar blade
the known grip of wood against my palm
I have held it to the whetstone
a thousand night for this
escorting fury through my sleep
like a cherished friend
to wake in the stink of rage
beside the sleep-white face of love

e a rua vira um pesadelo
uma mulher com olhos brancos se agarra
a uma garrafa de gin Fleischmann
cambaleante em sua cintura
ela puxa uma faca de açougueiro de suas calças esfarrapadas
sua mão arqueia para trás "Sua Puta Preta!"
a lâmina pesada gira até mim
em câmera lenta
anos de fúria se alçam para cima como um muro
eu não ouço ela
ruindo na calçada aos meus pés.

Uma engrenagem do antigo pesadelo se agita
rapidamente em medo e silêncio familiares
mas desta vez estou desperta, liberta
eu sorrio. Agora. Desta vez é
a minha vez.
Me inclino à faca tambores de sangue nos meus ouvidos
do outro lado da rua a voz da minha amante
o único som em movimento dentro do calor branco
"Larga isso!"
Me ergo, fraca, então começo de novo
faminta por resolução
simples como raiva e tão ao alcance das mãos
meus dedos buscam a lâmina familiar
o cabo conhecido de madeira contra minha palma
eu a segurei na pedra de amolar
mil noites por isso
escoltando a fúria através do meu sono
como uma amiga querida
para acordar no fedor da raiva
além da face de sono-branco do amor

The keen steel of a dreamt knife
sparks honed from the whetted edge with a tortured shriek
between my lover's voice and the grey spinning
a choice of pain or fury
slashing across judgment like a crimson scar
I could open her up to my anger
with a point sharpened upon love.

In the deathland my lover's voice
fades
like the roar of a train derailed
on the other side of a river
every white woman's face I love
and distrust is upon it
eating green grapes from a paper bag
marking yellow exam-books tucked into a manilla folder
orderly as the last thought before death
I throw the switch.
Through screams of crumpled steel
I search the wreckage for a ticket of hatred
my lover's voice
calling
a knife at her throat.

In this streaming aisle of the dead
I am weeping
to learn the names of those streets
my feet have worn thin with running
and why they will never serve me
nor ever lead me home.
"Don't touch it!" she cries
I straighten myself
in confusion
a drunken woman is running away

O aço afiado de uma faca sonhada
faísca afiado em seu fio amolado num grito torturado
entre a voz da minha amante e a urdidura cinza
uma escolha de dor ou fúria
cortando o julgamento de ponta a ponta numa cicatriz
                              [carmesim
eu poderia fazê-la se abrir para a minha raiva
com uma ponta afiada sobre o amor.

Na terra da morte a voz da minha amante
fenece
como o rugido de um trem descarrilhado
do outro lado de um rio
o rosto de toda mulher branca que eu amo
e desconfio paira
comendo uvas verdes de um saco de papel
marcando respostas em cadernos amarelos de prova
                         [metidos em fichários de papelão
ordenadamente como o último pensamento antes da morte
eu aperto o interruptor.
Em meio a gritos de aço amassado
Eu procuro nos destroços por um bilhete de ódio
a voz da minha amante
chamando
uma faca em sua garganta.

Nesse fumegante corredor dos mortos
estou chorando
para aprender os nomes dessas ruas
meus pés se esgarçaram de correr
por isso eles nunca mais vão me servir
nem me levar para casa.
"Larga isso!", ela grita
Eu me aprumo

down the Westside street
my lover's voice moves me
to a shadowy clearing.

Corralled in fantasy
the woman with white eyes has vanished
to become her own nightmare
a french butcher blade hangs in my house
love's token
I remember this knife
it carved its message into my sleeping
she only read its warning
written upon my face.

[1981]

em confusão
uma mulher bêbada corre em fuga
pela avenida Westside
a voz da minha amante me move
para uma clareira sombria.

Encurralada em fantasia
a mulher com olhos brancos desapareceu
para se tornar seu próprio pesadelo
tenho uma faca de açougueiro (estilo francesa) pendurada
[em casa
símbolo do amor
eu lembro dessa faca
esculpindo sua mensagem no meu sono adentro
aquela mulher apenas leu seu aviso
escrito no meu rosto.

[1981]

October

Spirits
of the abnormally born
live on in water
of the heroically dead
in the entrails of snake.
Now I span my days like a wild bridge
swaying in place
caught between poems like a vise
I am finishing my piece of this bargain
and how shall I return?

Seboulisa, mother of power
keeper of birds
fat and beautiful
give me the strength of your eyes
to remember
what I have learned
help me attend with passion
these tasks at my hand for doing.

Outubro

Os espíritos
dos anormalmente nascidos
vivem na água
e dos heroicamente mortos
nas entranhas da serpente.
Agora atravesso meus dias feito uma ponte selvagem
balançando no lugar
pega entre poemas como um torno
estou terminando minha parte nessa barganha
e como é que vou voltar?

Seboulisa,[17] mãe do poder
guardiã dos pássaros
gorda e bela
dê-me a força dos teus olhos
para que eu me lembre
daquilo que aprendi
ajuda-me a realizar com paixão
aqueles feitos ao alcance de minha mão.

---

17 \ Seboulisa é a deusa de Abomei, a "mãe de todos nós", no panteão Daomeniano. É também a representação local de Mawulisa e, às vezes, conhecida como Sogbo, criadora do mundo. (N.E.)

Carry my heart to some shore
that my feet will not shatter
do not let me pass away
before I have a name
for this tree
under which I am lying
Do not let me die
still
needing to be stranger.

[1980]

Leva meu coração a alguma costa
que meus pés não irão romper
não me deixa morrer
antes que eu tenha um nome
para essa árvore
sob a qual eu me deito.
Não me deixa morrer
ainda
precisando ser desconhecida.

[1980]

Sister, Morning Is A Time For Miracles

A core of the conversations we never had
lies in the distance
between your wants and mine
a piece of each
buried beneath the wall that separates
our sameness
a talisman of birth
hidden at the root of your mother's spirit
my mother's furies.

Now reaching for you with my sad words
between sleeping and waking
a runic stone speaks
what is asked for is often destroyed
by the very words that seek it
like dew in the early morning
dissolving the tongue of salt as well as its thirst
and I call you secret names of praise and fire
that sound like your birthright
but are not the names of a friend
while you hide from me under 100 excuses
lying like tombstones along the road
between your house and mine.

Irmã, a manhã é tempo de milagres

O cerne das conversas que nunca tivemos
jaz no longe
entre seus desejos e os meus
um pedaço de cada
enterrado sob o muro que separa
nossa semelhança
um talismã de nascença
velado na raiz do espírito da sua mãe
as fúrias da minha mãe.

Agora, tateando por você com minhas palavras tristes
entre dormir e acordar
uma runa fala
aquilo que se pede muitas vezes é destruído
pelas próprias palavras que o almejam
feito orvalho no cedo da manhã
dissolvendo a língua de sal bem como sua sede
e eu te chamo pelos nomes secretos de louvor e fogo
que soam como seu direito nato
mas não são os nomes de uma amiga
enquanto você se esconde de mim atrás de 100 desculpas
largadas feito lápides ao longo da estrada
entre sua casa e a minha.

I could accept any blame I understood
but picking over the fresh and possible loneliness
of this too-early morning
I find the relics of my history
fossilized into a prison
where I learn to make love forever
better than how to make friends
where you are encased like a half-stoned peach
in the rigid art of your healing
and in case you have ever tried to reach me
and I couldn't hear you
these words are in place of the dead air
still between us:

A memorial to conversations we won't be having
to laughter shared and important
as the selves we helped make real
but also to the dead
revelations we buried still-born
in the refuse of fear and silence
and your remembered eyes
which don't meet mine anymore.

(I never intended to let you slip through my fingers
nor to purchase your interest ever again
like the desire of a whore
who yawns behind her upturned hand
pretending a sigh of pleasure
and I have had that, too, already.)

Once I thought when I opened my eyes we would move
into a freer and more open country
where the sun could illuminate our different desires
and the fresh air do us honour for who we were

Eu poderia aceitar qualquer culpa que entendesse
mas na escolha da solidão fresca e possível
dessa manhã tão-cedo
eu encontro as relíquias da minha história
fossilizadas numa prisão
onde aprendo a fazer amor para sempre
melhor do que faço amigas
onde você virou concha feito um pêssego meio duro
na rígida arte de sua cura
e no caso de você ter alguma vez tentado falar comigo
e eu não ter podido te ouvir
essas palavras estão no lugar do ar morto
ainda entre nós:

Um memorial às conversas que não vamos mais ter
às gargalhadas compartidas e importantes
como os eus que ajudamos a tornar reais
mas também aos mortos
revelações que enterramos natimortas
na recusa de medo e silêncio
e seus relembrados olhos
que não vão mais encontrar os meus.

(Eu nunca tive a intenção de te deixar escorrer por meus dedos
nem de comprar teu interesse de novo
feito o desejo duma puta
que boceja nas costas da mão
fingindo um gemido de prazer
e eu também já passei por isso.)

Antes eu pensava que quando abrisse meus olhos nós nos
                            [mudaríamos
para um país mais livre e mais aberto
onde o sol pudesse iluminar nossos diferentes desejos

yet I have awakened at 4 A.M. with a ribald joke to tell you
and found I had lost the name of the street
where you hid under an assumed name
and I knew I would have to bleed again
in order to find you
but just once
in the possibilities of this too-early morning
I wanted you
to talk
not as a healer
but as a lonely woman
talking to a friend.

[1979]

e o ar fresco nos prestasse honrarias por quem éramos
mas eu acordei às 4 da manhã com uma piada besta pra
[te contar
e percebi que eu perdi o nome da rua
onde você se escondia sob um pseudônimo
e eu soube que teria que sangrar
para poder achar você
mas só uma vez
nas possibilidades dessa manhã tão-cedo
eu queria que você
falasse
não como uma curandeira
mas como uma mulher solitária
conversando com uma amiga.

[1979]

Need: A Choral Of Black Women's Voices

*for Patricia Cowan and Bobbie Jean Graham
and the Hundreds of Other Mangled Black Women
whose Nightmare Inform Them My Words*

>   tattle tale tit
>   your longue will be slit
>   and evert little boy in town
>   shall have a little bit
>   — nursery rhyme

I

I: This woman is Black
so her blook is shed into silence
this woman is Black
so her death falls to earth
like the dripping of birds
to be washed away with silence and rain.

P.C.:   For a long time after the baby came
I didn't go out at all
and it got to be pretty lonely.
Then Bubba started asking about his father
I wanted to connect with the blood again
thought maybe I'd meet somebody
and we could move on together
help make the dream real.
An ad in the paper said

Precisar: um coro para vozes de Mulheres Negras

para Patricia Cowan e Bobbie Jean Graham
e às outras centenas de mulheres negras mutiladas
cujos pesadelos revelam a elas minhas palavras

ei linguarudo
sua língua vou rancar
e toda criancinha aqui
um pedacinho vai ganhar
      — canção de ninar

I

Eu: Essa mulher é Negra
então seu sangue é derramado em silêncio
essa mulher é Negra
então sua morte cai sobre a terra
como excrementos de pássaros
a ser lavados com silêncio e chuva.

P.C.:   Por muito tempo depois que o bebê chegou
eu não saí de casa por nada
e isso acabou sendo muito solitário.
Aí Bubba começou a me perguntar pelo pai dele
Eu queria me conectar com o sangue de novo
pensei que podia conhecer alguém
que podíamos morar junto
fazer o sonho ser real.
Um anúncio no jornal dizia:

"Black actress needed
to audition in a play by Black Playwright."
I was anxious to get back to work
thought this might be good place to start
so on the way home from school with Bubba
I answered the ad.
He put a hammer through my head.

B.J.G.: If you're hit in the middle of your body
by a ten-ton truck
your caved-in chest bears the mark of a tire
and your liver pops
like a rubber ball.
If you're knocked down by boulders
from a poorly graded hill
your dying is stamped by the rockprint
upon your crushed body
by the impersonal weight of it all
while life drips out through your liver
smashed by the mindless stone.
When your boyfriend methodically beats you to death
in the alley behind your appartment
and the neighbors pull down their windowshades
because they don't want to get involved
the police call it a crime of passion
not a crime of hatred
but I still died
of a lacerated liver
and a man's heel
imprinted upon my chest.

"Procura-se atriz Negra
para audição em peça de dramaturgo Negro".
Eu tava ansiosa pra voltar pro trabalho logo
pensei que aí poderia ser um bom lugar pra começar
então enquanto voltava da escola com o Bubba
eu respondi ao anúncio.
Ele me meteu um martelo na cabeça.

B.J.G.: Se você é atingida no meio do seu corpo
por um caminhão de dez toneladas
seu tórax afundado carrega a marca do pneu
e seu fígado quica
que nem uma bola de borracha.
Se você é derrubada por pedregulhos
de uma colina mal gradeada
sua morte é carimbada pela marca da rocha
em seu corpo esmagado
pelo peso impessoal de tudo isso
enquanto a vida escorre por seu fígado
esmagado pela pedra indiferente.
Quando seu namorado te espanca metodicamente
                      [até a morte
no beco atrás do seu apartamento
e os vizinhos baixam as persianas
porque não querem se envolver
a polícia chama isso de crime passional
não de crime de ódio
mas eu morri mesmo assim
de um fígado lacerado
e o calcanhar de um homem
impresso no meu peito.

I: Dead Black women haunt the black maled streets
      paying the cities' secret and familiar tithe of blood
      burn blood beat blood cut blood
      seven year old child rape victim blood blood
      of a sodomized grandmother blood blood
      on the hands of my brother blood
      and his blood clotting in the teeth of strangers
      as women we were meant to bleed
      but not this useless blood
      my blood each month a memorial
      to my unspoken sisters fallening
      like red drops to the asphalt
      I am not satisfied to bleed
      as a quiet symbol for no one's redemption
      why is it our blood
      that keeps these cities fertile?

      I do not even know all their names.
      My sisters deaths are not noteworthy
      nor threatening enough to decorate the eveing news.
      not important enough to be fossilized
      between right-to-life pickets
      and the San Francisco riots for gay liberation
      blood blood of my sister fallen in this blood war
      with no names no medals no exchange of prisoners
      no packages from home
      no time off for good behavior
      no victories no victors

Eu: Mulheres negras mortas assombram as ruas negro-
[masculinizadas
pagando o dízimo secreto e familiar de sangue de
[nossas cidades
queimar sangue espancar sangue cortar sangue
criança de sete anos de idade vítima de estupro
[sangue sangue
de uma avó sodomizada sangue sangue
pelas mãos do meu irmão sangue
e seu sangue coagulado nos dentes de estranhos
como mulheres espera-se que sangremos
mas não esse sangue inútil
meu sangue a cada mês um tributo
para minhas irmãs silenciadas caindo
feito gotas vermelhas no asfalto
não me satisfaz sangrar
como um símbolo silencioso para a redenção de
[ninguém
por que é o nosso sangue
que mantém essas cidades férteis?

Eu nem sequer sei todos os nomes delas.
As mortes das minhas irmãs não são dignas de nota
nem ameaçadoras o bastante para decorar os
[jornais noturnos
nem importantes o bastante para ser fossilizadas
entre as manifestações pelo-direito-à-vida
e os levantes por direitos gays em São Francisco
sangue sangue de minhas irmãs caídas nessa
[guerra sangrenta
sem nomes sem medalhas sem troca de prisioneiros
sem cartas de casa
sem redução da pena por bom comportamento
sem vitórias sem vencedoras

B.J.G.: Only us
       kept afraid to walk out into moonlight
       lest we touch our power
       only us
       kept afraid to speak out
       lest our tongues be slit
       for the witches we are
       our chests crushed
       by the foot of a brawny acquaintance
       and a rupted liver bleeding life onto the stones.

ALL: And how many other deaths
       do we live through daily
       pretending
       we are alive?

II

P.C.:   What terror embroidered my face onto your hatred
       what ancient and unchallenged enemy
       took on my flesh within your eyes
       came armed against you
       with laughter and hopeful art
       my hair catching the sunlight
       my small son eager to see his mother at work?
       Now my blood stiffens in the cracks
       of your fingers raised to wipe
       a half-smile from your lips.
       In this picture of you
       the face of a white policeman
       bends
       over my bleeding son
       decaying into my brother
       who stalked me with a singing hammer.

B.J.G.: Só nós
 criadas com pavor de andar sob a luz da lua
 para que não toquemos nosso poder
 só nós
 criadas com medo de falar
 para que nossas línguas não sejam cortadas
 por sermos as bruxas que somos
 nosso tórax esmagado
 pelo pisão de um conhecido musculoso
 e um fígado rompido sangrando vida nas pedras.

TODAS: E quantas outras mortes
 nós vivemos diariamente
 fingindo
 que estamos vivas?

II

P.C.: Que terror talhou meu rosto em seu ódio
 que inimigo antigo e incontestável
 encarnou-se de mim dentro de seus olhos
 veio armado contra você
 com risos e uma arte esperançosa
 meu cabelo recebendo a luz do sol
 meu filho pequeno ansioso para ver sua mãe no trabalho?
 Agora meu sangue endurece nas rachaduras
 de seus dedos levantados para limpar
 um meio sorriso de seus lábios.
 Nessa sua foto
 a face de um policial branco
 pende
 sobre meu filho sangrando
 decaindo sobre meu irmão
 que me perseguiu com um martelo canoro.

B.J.G.: And what do you need me for, brother,
to move you for, feel for you, die for you?
You have a grave need for me
but your eyes are thirsty for vengeance
dressed in the easiest blood
and I am closest.

P.C.: When you opened my head with your hammer
did the boogie stop in your brain
the beat go on
the terror run out of you like curdled fury
a half-smile upon your lips?
And did your manhood lay in my skull like a netted fish
or did it spill out like blood
like impotent fury off the tips of your fingers
as your sledgehammer clove my bone to let the light out
did you touch it as it flew away?

ALL: Borrowed hymns veil a misplaced hatred
saying you need me you need me you need me
like a broken drum
calling me black goddess black hope black strength
black mother
you touch me
and I die in the alleys of Boston
with a stomach stomped through the small of my back
a hammered-in skull in Detroit
a ceremonial knife through my grandmother's used vagina
my burned body hacked to convenience in a vacant lot
I lie in midnight blood like a rebel city
bombed into false submission
and our enemies still sit in power
and judgment
over us all.

B.J.G.: E você precisa de mim para quê, irmão,
 me mover por você, sentir por você, morrer por você?
 Você precisa muito de mim
 mas seus olhos estão sedentos por vingança
 vestidos do sangue mais fácil
 e eu estou perto demais.

P.C.: Quando você abriu minha cabeça com seu martelo
 será que o bicho-papão ficou quieto na sua cabeça
 a batida continua
 o terror corre de você afora como fúria coagulada
 um meio sorriso sobre seus lábios?
 E sua masculinidade fincou-se em meu crânio
  [como um peixe enredado
 ou ela jorrou feito sangue
 como fúria impotente das pontas dos seus dedos,
 no que sua marreta cindiu meu osso para deixar a
  [luz sair
 você tocou a luz enquanto ela se esvaía?

TODAS: Hinos emprestados ocultam o ódio deslocado
 dizendo você precisa de mim você precisa de mim
  [você precisa de mim
 como um tambor quebrado
 me chamando de deusa negra esperança negra
 força negra
 mãe negra
 você me toca
 e eu morro nos becos de Boston
 com o estômago pisoteado me saindo pelas costas
 um crânio martelado em Detroit
 uma faca cerimonial atravessando a vagina usada
  [da minha vó

P.C.:   *I need you.*
       was there no place left
       to plant your hammer
       spend anger rest horror
       no other place to dig for your manhood
       except in my woman's brain?

B.J.G.: Do you need me submitting to terror at nightfall
       to chop into bits and stuff warm into plastic bags
       near the neck of the Harlem River
       and they found me there
       swollen with your need
       do you need me to rape in my seventh year
       till blood breaks the corners of my child's mouth
       and you explain I was being seductive.

ALL: Do you need me print on our children
       destruction our enemies inprint upon you
       like a Mack truck or an avalanche
       destroying us both
       carrying home their hatred
       you re-learning my value
       in an enemy coin.

meu corpo queimado convenientemente
  [esquartejado num terreno baldio
me quedo no sangue da meia-noite como uma
  [cidade rebelde
bombardeada de falsa submissão
e nossos inimigos ainda se esbaldam de poder
e julgamento
sobre nós todes.

P.C.:   *Eu preciso de você.*
não tinha nenhum outro lugar
para enterrar seu martelo
gastar a raiva destilar o horror
nenhum outro lugar para cavar sua masculinidade
além do meu cérebro de mulher?

B.J.G.: Você precisa que eu me submeta ao terror quando a
  [noite cai
pra cortar em pedaços e guardar ainda quente em
  [sacos plásticos
perto da nuca do rio Harlem
e me acharam lá
inchada pelo seu precisar
você precisa de mim para estupro no meu sétimo
  [aniversário
até o sangue romper nos cantos da boca da minha
  [criança
e você explicar que eu te seduzi.

TODAS: Você precisa de mim para marcar em nossas
  [crianças
a destruição com que nossos inimigos marcam você
feito um trator ou uma avalanche
que destrói ambos

III

I: I am wary of need
that tastes like destruction.
I am wary of need that tastes like destruction.
Who ever learns to love me
from the mouth of my enemies
walks the edge of my world
like a phantom in a crimson cloak
and the dreambooks speak of money
but my eyes say death.

The simplest part of this poem
is the truth in each one of us
to which it is speaking.
How much of this truth can I bear to see
and still live
unblinded?

How much of this pain
can I use?

ALL: "We cannot live without our lives."
"We cannot live without our lives."

[1979]

levando o ódio deles para casa
você está re-aprendendo meu valor
a partir de uma moeda inimiga.

III

Eu: Desconfio do precisar
que tem gosto de destruição.
Desconfio do precisar que tem gosto de destruição.
Quem só aprende a me amar
pela boca dos meus inimigos
caminha à margem do meu mundo
como um fantasma em uma capa carmesim
e os livros de sonhos falam em dinheiro
mas meus olhos dizem morte.

A parte mais simples deste poema
é a verdade em cada uma de nós
com a qual está falando.
Quanto dessa verdade eu posso suportar ver
e ainda viver
sem me cegar?
Quanto dessa dor
eu posso usar?

TODAS: "Não podemos viver sem nossas vidas."
"Não podemos viver sem nossas vidas."*

[1979]

Patricia Covan, 21, espancada até a morte em Detroit, 1978.
Bobbie Jean Graham, 34, espancada até a morte em Boston, 1979. Uma das 12 mulheres negras assassinadas em um período de três meses na cidade.
* "Não podemos viver sem nossas vidas" trecho de um poema de Barbara Deming.

AUDRE LORDE
1934–1992

Audre Lorde foi escritora, poeta, ativista e referência nas lutas feministas, LGBT, do movimento negro e pelos direitos civis. Nascida em Nova York, Estados Unidos, em 1934, filha de pais caribenhos estabelecidos no bairro do Harlem, Audrey Geraldine Lorde abriu mão do "y" de seu nome original ainda criança, optando por um nome mais simétrico: Audre Lorde, conforme conta em sua "biomitografia" *Zami: A New Spelling of My Name*. Também ainda criança, começou a escrever seus primeiros poemas.

Formou-se em biblioteconomia pela Universidade da Cidade de Nova York em 1959. Ao longo do curso de graduação, exerceu diversas funções para se sustentar: técnica de raios X, operária de fábrica, *ghost-writer*, secretária, supervisora de vendas. Depois de formada, passou a trabalhar como bibliotecária; completou o mestrado nesta mesma área na Universidade de Columbia e, em 1966, assumiu o posto de bibliotecária-chefe em uma escola em Nova York, onde permaneceria até 1968. Paralelamente, desde o começo dos anos 1960, escrevia ensaios e sua poesia era regularmente publicada em revistas e antologias. Também participava ativamente dos movimentos culturais LGBT, e de ações pelos direitos civis e das mulheres.

Seu primeiro livro de poesia, *The First Cities*, foi publicado em 1968. A partir de então, daria início a uma produtiva trajetória de escrita e publicações de livros de ensaio e de poesia.

Casou com o advogado Edwin Rollins, com quem teve dois filhos, Elizabeth e Jonathan. O casamento durou até o ano de 1970. A partir de então, Audre Lorde assumiu sua relação amorosa com Frances Clayton, mulher branca, professora de Psicologia, com quem ficaria até 1989.

Os anos 1970 e 1980 seriam de intensa militância e ativismo político, feminista e lésbico, o que está fortemente impresso em sua obra poética do período. Em 1977, tornou-se editora de poesia no jornal feminista *Chrysalis* e três anos mais tarde fundou, junto com a escritora Barbara Smith, a editora Kitchen Table: Women of Color Press, para disseminar a produção de feministas negras. Entre 1984 e 1992, desenvolveu um importante trabalho em Berlim, dando aulas, palestras e atuando no movimento de mulheres afro-alemãs. Um belo registro deste período está em *Audre Lorde – The Berlin Years 1984–1992*, documentário de Dagmar Schultz.

Desde do fim da década de 1970, Audre Lorde lutou contra o câncer. Chegou a fazer mastectomia para eliminar um tumor de mama, mas a doença reincidiu anos depois no fígado. A experiência foi narrada no premiado livro *The Cancer Journals*, lançado no início dos anos 1980. No fim da mesma década, mudou-se para Saint-Croix, uma ilha no Caribe, onde viveu seus últimos anos ao lado da socióloga e ativista Gloria Joseph. Audre Lorde continuou escrevendo e publicando até o início dos anos 1990, quando morreu, aos 58 anos.

Após seu falecimento, em 1992, seus arquivos passaram a integrar a coleção do Spelman College, em Atlanta. Ao longo de sua carreira, Audre Lorde recebeu diversos prêmios, entre os quais destacam-se as bolsas concedidas pelo National Endowment for the Arts (de 1968 e 1981) e pelo Creative Artists Public Service Program (de 1972 e 1976) e o prêmio de excelência literária de Manhattan, de 1987. Foi poeta laureada pelo estado de Nova York em 1991.

GLOSSÁRIO DE NOMES DE ORIGEM AFRICANA CITADOS NOS POEMAS

TRADUÇÃO DE JESS OLIVEIRA

ABOMÉ (ou ABOMEI): Capital e coração do antigo Reino do Daomé. Um centro de cultura e poder e onde se estabeleceu a dinastia de Aladaxonu, conhecida como a dinastia dos Reis Pantera.

AKAI: Tranças de cabelo finas e apertadas envoltas por um fio e arrumadas ao redor da cabeça, para que formem um penteado elaborado da alta moda do Daomé atual.

AMAZONAS: Diferentemente de outros sistemas de crença africanos, às mulheres do Daomé, como as Criadoras de Vida, não era negado o derramamento de sangue. As Amazonas eram guerreiras poderosas, muito valorizadas e bem treinadas. Elas eram responsáveis pela guarda dos Reis Pantera do Daomé e lutavam sob seu comando.

ASEIN: Altares pequenos de metal, cujas estruturas apresentam um mastro como base. Diante desses altares ancestrais divinisados/as são cultuados/as e celebrados/as com oferendas.

CONIAGUI: Um povo da África Ocidental que ocupa a região da atual Guiné e da Costa do Marfim.

DAN: Um nome antigo para o reino de Daomé.

ELEGUÁ, ELEGBARA, LEGBA: Ver EXU.

ESHIDALE: Orixá da região nigeriana de Ifé, cujos sacerdotes enterram pessoas que cometeram suicídio pulando do chão e caindo de cabeça.¹

EXU: Também conhecido como Eleguá no Daomé e em algumas regiões das Américas. Exu é o filho mais novo e mais esperto de Iemanjá (ou de Mawulisa). O mensageiro ardiloso entre todo o panteão de Orixás/Voduns e a humanidade. Conhecedor de todas as línguas, Exu é um talentoso linguista que transmite mensagens e interpreta. Esta função é crucial, pois Orixás falam línguas distintas entre si e também não entendem línguas humanas. Exu é brincalhão e também a personificação de todos os elementos imprevisíveis da vida. Ele é frequentemente identificado com o princípio masculino, e seu símbolo primordial geralmente é um imenso falo ereto. No entanto, Exu-Elegba não tem sacerdotes, e, em vários rituais religiosos no Daomé, suas danças são executadas por uma mulher com um falo acoplado a si. Por conta de sua natureza imprevisível, os quartos de Exu são construídos fora das casas ou de vilas, e perto de encruzilhadas. Exu recebe a primeira porção de qualquer oferenda feita a qualquer Orixá/Vodum para ajudar a garantir a transmissão correta e uma resposta rápida.

IEMANJÁ: Mãe de todo panteão de Orixás, Iemanjá também é a deusa dos oceanos. Dizem que os rios fluem de seus seios. Um dos itans [mitos da cultura dos iorubás], conta que um de seus

---

1\ O texto em inglês é um pouco ambíguo, porque não elucida quem "pula do chão e cai de cabeça". Segundo Félix Ayoh'Omidire, professor da UBFA e da Ọbáfẹmi Awólọ́wọ̀ University, Ilé-Ifẹ̀, Nigéria "pular do chão e cair de cabeça" é uma metáfora da língua iorubá para suicídio ou "morte imprópria" (fò sánlè). A partir dessa informação, infiro que a construção da frase em inglês talvez aponte para um equívoco tradutório do iorubá para o inglês. (N. T.)

filhos tentou estuprá-la. Ela fugiu até cair desmaiada e os rios fluíram de seus seios. Outro itan diz que um marido insultou os longos seios de Iemanjá e quando ela partiu levando suas panelas, ele a agrediu deixando-a inconsciente. De seus seios fluíram os rios e de seu corpo surgiu todo o panteão de Orixás. Os seixos dos rios são símbolos de Iemanjá e o mar é sagrado para os seus filhos e filhas. A pessoa que a agrada é abençoada com muitas crianças.

IFÁ: Destino pessoal de alguém – a personificação da sorte. Também é o nome dado a um difundindo e elaborado sistema metafísico de oracular muito usado no Daomé. Ifá é chamado, às vezes, de a escrita de Mawulisa.

MAWULISA: Dentro do vasto panteão do Vodum, Mawulisa é divindade feminina e masculina do Daomé, o princípio céu-deusa-deus. Às vezes, chamada de gêmea/o inseparável de quem criou o Universo. Mawulisa (Mawu-Lisa) também é representada como leste/oeste, noite/dia e lua/sol. Com mais frequência, Mawu é visto/a como Criador/a do Universo, e Lisa é chamado de seu primogênito, ou de seu irmão gêmeo. Considerada a mãe de todos/as Voduns, está ligada à Iemanjá. (Ver também: SEBOULISA)

ORIXÁ: Orixás são divindades – personificações divinas – cultuadas por povos Iorubá do Oeste de Nigéria. Como os Iorubá eram originalmente um grupo de muitos povos diferentes com uma linguagem semelhante, existem aproximadamente 600 Orixás, principais e locais, com diferentes graus de poderes, alguns se sobrepondo a outros. As proximidades de Dan, ou do Daomé, como o local passou a ser chamado, receberam muitas de suas práticas religiosas dos povos Iorubá; então muitas divindades (Orixás) reaparecem com nomes diferentes como daomeanas ou como Voduns (Vodum). É comum observar que tais *Orixás* se tornaram principais Voduns de um determinado grupo de outros princípios divinos nativos daomeanos com poderes e interesses similares. Orixás/Voduns são divindidades, mas não onipotentes. São muito poderosas, mas nem sempre justas. São muito envolvidas com as questões humanas e oferendas devem ser feitas para manter a boa vontade delas. Muitos dos nomes e rituais do culto de Orixás/Voduns sobrevivem e florescem em religiões praticadas em Cuba, no Brasil, no Haiti, em Granada e nos Estados Unidos. É no Haiti e nos Estados Unidos que as tradições religiosas iorubás e daomeanas estão mais misturadas.

ORIXALÁ ou OXALÁ: Um Orixá principal, modela os seres humanos no útero antes de nascerem. Uma dos encargos de seus sacerdotes ou sacerdotisas é enterrar as mulheres que morrem durante a gravidez. Ele também é chamado de Oxalá, que significa deus que veste branco. (Em algumas religiões das Américas, Orixalá geralmente é mulher.) Pessoas nascidas com alguma deficiência ou deformação estão sob a proteção especial de Orixalá. Dizem que pessoas com deficiência e/ou com albinismo são feitas assim por Orixalá, para que seu culto não seja esquecido; dizem também que estas pessoas foram criadas assim por um erro enquanto o Orixá estava bêbado. Azeite de dendê e vinho de palma são tabus em sua casa, e a cor branca é sagrada para ele, assim como todas as comidas de cor branca.

SEBOULISA: A deusa de Abomé – "A Mãe de todas as pessoas". Uma representação local de Mawulisa, ela é conhecida em alguns lugares como Sogbô, criadora do mundo. (Ver também: MAWULISA)

XANGÔ: Um dos filhos mais fortes e mais conhecidos de Iemanjá, Xangô é o Orixá do relâmpago e do trovão, da guerra e da política. Suas cores são o branco e o vermelho vivo e seu símbolo é o machado de dois gumes. Na Nigéria, o culto a Xangô geralmente é comandado por uma mulher, chamada de Alagba. No Daomé, ele é conhecido como Hevioso, o Vodum principal do Panteão do Trovão.

XAPANÃ: Orixá da varíola. Divindade da terra e das coisas que crescem; a doença é considerada a punição mais severa e é destinada para as pessoas que quebram os tabus deste Orixá ou cujos nomes são gritados perto de sua casa. Sarampo, furúnculos e outras erupções na pele são castigos menos severos. Ele é muito poderoso e muito temido. No Daomé, é chamado de Sagbatá, e, muito antes de Edward Jenner na Europa, os sacerdotes e sacerdotisas de Sagbatá conheciam e praticavam os princípios da vacinação a partir de microrganismos vivos, guardando bem estes e outros segredos.

YAA ASANTEWA: Uma Rainha Mãe do Império Axânti, localizado no que hoje chamamos Gana. Ela liderou seu povo em várias guerras bem-sucedidas contra forças britânicas no século XIX.

REFERÊNCIAS BIBLIOGRÁFICAS

Bascom, William Russell. *The Yoruba of Southwestern Nigeria*. Nova York: Holt, Rinehart and Winston, 1969.
Courlander, Harold. *Tales of Yoruba Gods and Heroes*. Greenwich, Conn.: Fawcett, 1973.
Herskovits, Melville. *Dahomey: an Ancient West African Kingdom*. Nova York: Augustin, 1931. v. I, II.
Yoruba Temple. *The Gods of Africa*. Nova York: Great Benin Books, n.d.

SOBRE AS TRADUTORAS

Tatiana Nascimento é brasiliense, cantora, compositora, poeta, tradutora, editora, pesquisadora em literaturas da diáspora negra sexual-dissidente. Doutora em Estudos da Tradução pela Universidade Federal de Santa Catarina (UFSC); licenciada em Letras – Português pela Universidade de Brasília (UnB); professora voluntária na UnB; editora-co-fundadora da Padê editorial (que publicou desde sua fundação, em 2016, mais de 50 títulos de autoras negras e/ou lésbicas em livros artesanais). Como poeta, publicou "lundu", "mil994" e "07 notas sobre o apocalipse, ou poemas para o fim do mundo".

Valéria Lima é tradutora, pesquisadora e poeta. Mestranda em Linguística Aplicada na Universidade Federal do Rio de Janeiro, onde investiga políticas de tradução, bem como as imagens e representações das mulheres negras.

Jess Oliveira é crítica literária, poeta, tradutora e editora. Doutoranda em Literatura e Cultura pela Universidade Federal da Bahia (UFBA), mestra em Estudos da Tradução pela Universidade Federal de Santa Catarina (UFSC) e Bacharela em Letras (português e alemão) pela Universidade de São Paulo (USP).

SOBRE A COLEÇÃO AUDRE LORDE

A "Coleção Audre Lorde" é resultado de uma parceria inédita firmada entre as editoras Bazar do Tempo, Elefante, Relicário e Ubu, como modo de fortalecer a recepção dos livros dessa importante militante, pensadora e poeta norte-americana, referência para o feminismo negro, para a luta antirracista e LGBTQI+.

LEIA TAMBÉM
Sou sua irmã: Escritos reunidos e inéditos. Trad. Stephanie Borges. São Paulo: Ubu, 2020.
A unicórnia preta – poemas. Trad. Stephanie Borges. Belo Horizonte: Relicário, 2020.
Zami, uma biomitografia. Trad. Lubiana Prates. São Paulo: Elefante, 2021.

© 1973, 1976, 1982, 1997 by Audre Lorde
© Bazar do Tempo, 2020

Todos os direitos reservados e protegidos pela Lei n. 9.610, de 12.2.1998.

É proibida a reprodução total ou parcial sem a expressa anuência da editora.

Este livro foi revisado segundo o Acordo Ortográfico da Língua Portuguesa de 1990, em vigor no Brasil desde 2009.

EDITORA Ana Cecilia Impellizieri Martins
COORDENAÇÃO EDITORIAL Catarina Lins
TRADUÇÃO Tatiana Nascimento e Valéria Lima
(Valéria Lima traduziu os poemas: "Mestra", "De mudança, ou o fim da vida cooperativa", "Mudança de estação", "Canção do movimento", "Uma canção de nomes e rostos" e "Prólogo". Os demais poemas foram traduzidos por Tatiana Nascimento). O glossário de nomes de origem africana foi traduzido por Jess Oliveira.
REVISÃO TÉCNICA Jess Oliveira
DESIGN Elaine Ramos
ASSISTENTE DE DESIGN Livia Takemura
DIAGRAMAÇÃO Caroline Gischewski
FOTOGRAFIA DA CAPA Ute Weller
FOTOGRAFIA DA P. 210 Cortesia dos Arquivos do Spelman College
COMERCIAL Kathleen Santos e Anna Carolina Fournier

Rua General Dionísio, 53, Humaitá
22271-050 - Rio de Janeiro - RJ
contato@bazardotempo.com.br
www.bazardotempo.com.br

Dados Internacionais de Catalogação na Publicação (CIP)
Bibliotecária Camila Donis Hartmann – CRB 7/6472

Lorde, Audre [1934-1992]
   Entre nós mesmas : poemas reunidos / Audre Lorde; título original: *Between ourselves; From a land where other people live; Chosen poems old and new;* tradução Tatiana Nascimento, Valéria Lima; prefácio Cidinha da Silva. 1. ed.
Rio de Janeiro: Bazar do Tempo, 2020 / 224 p.
ISBN 978 65 86719 26 0

1. Poesia americana. I. Nascimento, Tatiana. II. Lima, Valéria. III. Silva, Cidinha da. IV. Título.

20-65695   CDD 811   CDU 82.1(73)

Este livro foi editado pela Bazar do Tempo na cidade de São Sebastião do Rio de Janeiro, e impresso em papel pólen bold 70g/m² pela gráfica Pifferprint. Foram usados as fontes Martin, de Tré Seals; e Tiempos, de Kris Soweersby.

2ª reimpressão, janeiro de 2023